CUADERNO PARA EL ALUMNADO
Situación de aprendizaje

El trabajo forzado en la dictadura franquista

Autor: Sergio Riesco Roche
Colabora: Guillermo García Llorente

INSTITUTO NAVARRO DE LA
MEMORIA
REN NAFARROAKO INSTITUTUA

Gobierno Nafarroako
de Navarra Gobernua

Título: El trabajo forzado en la dictadura franquista. Cuaderno del alumnado

Autor: Sergio Riesco Roche

Colabora: Guillermo García Llorente

1.ª edición, 2025

Edita: Gobierno de Navarra. Dirección General de Memoria y Convivencia. Instituto Navarro de la Memoria

@ Sergio Riesco Roche

@ Gobierno de Navarra

Fotografía de cubierta: Pola de Gordón (León), 1937. Prisioneros vascos trabajando en la construcción de una carretera. BNE, Biblioteca Digital Hispánica. GC-CAJA/89/9.

Fotografías:

Pág. 6 Foto de barracón en Lesaka (cedida por el prisionero Ángel Santesteban, prisionero en el BDST 14).

Pag. 8. Gallarta (Bizkaia), 1938. Prisioneros en el Batallón de Trabajadores 1, en las minas. BNE, Biblioteca Digital Hispánica. GC-CAJA/8/20.

Pág. 18. Obreros en el pantano de Luna, donde se usó mano de obra reclusa. Club Xeitu.

Pág. 28. San Pedro de Cardeña (Burgos), 1938. Prisioneros republicanos de las Brigadas Internacionales en el campo de concentración. BNE, Biblioteca Digital Hispánica. GC-CAJA/8/6 /35.

Diseño y maquetación: Kö estudio

Impresión: Gráficas Alzate

DL NA 23-2025

ISBN: 978-84-235-3716-7

Las versiones impresas no contienen las URL de los recursos web referenciados. Para ello es necesario utilizar la versión en PDF. Puede descargarse la *Guía del profesorado* y las dos guías del alumnado en PDF en el siguiente enlace: https://pazyconvivencia.navarra.es/es/el-trabajo-forzado-en-la-dictadura-franquista

ESCANEA EL QR

Índice

1. Misión

La Organización Internacional del Trabajo, perteneciente a Naciones Unidas, define «trabajo forzoso u obligatorio» como «todo trabajo o servicio exigido a un individuo bajo la amenaza de una pena cualquiera y para el cual dicho individuo no se ofrece voluntariamente». ¿Sabías que durante la dictadura franquista miles de personas fueron condenadas a realizar trabajos forzados?

A través de esta situación de aprendizaje podrás investigar sobre cómo se produjo esta realidad, pero también sobre el conjunto de políticas represivas que acompañaron a la destrucción de la democracia en España. Tu misión es la de participar, de forma activa, en todas las actividades que se propongan. El objetivo final es exponer, bien con un póster tradicional o con uno digital, los resultados de tu investigación.

Si disponéis de un lugar de memoria cercano a vuestro centro, es interesante visitarlo como parte de la investigación y observar sobre el terreno la dura realidad que en él se vivió.

2. Justificación

Tanto el temario de 4.º de ESO, como algunas materias de Bachillerato, incluyen contenidos relacionados con la memoria democrática, por lo que se deben conocer. Las leyes que lo garantizan se basan en varios principios: verdad, justicia, reparación y garantías de no repetición. En la formación de vuestra ciudadanía son fundamentales los valores democráticos: convivencia, pluralismo, defensa de los derechos humanos, cultura de paz e igualdad de hombres y mujeres. Además, debemos observar la realidad que nos rodea para que determinadas situaciones ligadas a la privación de libertades no se repitan ni aparezcan de nuevo.

3. Proceso de trabajo de la investigación

En las diferentes actividades propuestas tendréis posibilidad de trabajar por grupos, si bien algunas se deben realizar de forma individual. Una vez presentada la situación de aprendizaje por el profesorado y el contexto del tema (la dictadura franquista), tendréis que formar grupos pequeños para trabajar uno de los siguientes temas:

- **Marco conceptual:** qué es el trabajo forzado y qué son los lugares de memoria.

- **Sistema concentracionario:** los campos de concentración y los trabajos de reconstrucción.

- **Sistema penitenciario:** los destacamentos penales y la construcción de nuevas infraestructuras.

- **Cárceles de mujeres:** la doble represión.

- **«Mapeo» e investigación** sobre un lugar de memoria.

Cada sesión tiene una dinámica que podrás encontrar a lo largo de este cuadernillo. También tendrás que apoyarte en el material fotocopiable que se adjunta en los anexos. Es importante que anotes la fuente de la que has obtenido cada dato o información.

Lo llevaremos a cabo en las siguientes 9 sesiones:

Sesión 1.ª
Planteamos la investigación

Vais a desarrollar un proyecto de investigación por grupos en torno a la temática del trabajo forzado. La investigación culminará y se presentará en un póster (físico o digital), que pueda ser compartido en clase, en el centro, en el instituto, aplicando los pasos del método científico.

Para documentar vuestra investigación contaréis con un material básico de apoyo que encontraréis en el Anexo, al final de esta guía.

Actividad
Partiendo de las pautas que os dé el profesorado, hay que formar grupos y elegir un tema sobre el que investigará cada grupo: • Grupo marco conceptual: qué es el trabajo forzado y qué son los lugares de memoria. • Grupo sistema concentracionario: los campos de concentración y los trabajos de reconstrucción. • Grupo sistema penitenciario: los destacamentos penales y la construcción de nuevas infraestructuras. • Grupo cárceles de mujeres: la doble represión. • Grupo «mapeo» o lugar de memoria específico.
¿Cómo trabajaremos el resto de sesiones? Sesiones 2, 4, 6 y 7: trabajo de investigación por grupos y preparación de la presentación. Sesión 3: Debate a partir de la lectura de un texto. Sesión 5: Producción escrita «Ponte en su lugar». Sesión 8: Presentación oral por grupos de los resultados de la investigación. Sesión 9: Inauguración de la exposición y cuestionario de repaso.

Sesión 2.ª
Comenzamos a investigar en grupo

Cada grupo trabajará su tema de investigación de forma cooperativa durante toda la sesión, a ser posible con apoyo de medios informáticos. Se debe ir recogiendo la información que se pide tanto en un cuaderno como en un documento informático compartido. ¿Qué tarea debe realizar cada grupo?

Actividad. (Anotamos siempre tanto en el cuaderno como en el documento compartido)	
Grupo marco conceptual	• Buscad información sobre qué es el trabajo forzado, su definición y búsqueda de ejemplos a lo largo de la historia. • Similitudes y diferencias entre los conceptos de trabajo forzoso, formas modernas de esclavitud y trata de seres humanos. Poned un ejemplo de cada.
Grupo sistema concentra-cionario	• Buscad una definición sobre qué es un campo de concentración. • Anotad ejemplos de campos de concentración en el mundo, no solo *lager* nazis. Anotad donde estaban (ciudad, país) y aproximadamente en qué época funcionaron. • Tipos de trabajo y aproximación a la cantidad de presos que trabajaron dentro de este sistema tanto durante la II Guerra Mundial como en la dictadura franquista.
Grupo sistema penitenciario	• Resumid en diez líneas qué fue el Patronato de Redención de Penas por el Trabajo: creación, años de funcionamiento, características principales. Tipos de obras públicas a las que se dedicaron.
Grupo cárceles de mujeres	• Anotad ideas sobre la situación de las mujeres durante la II República y la conquista de derechos. • Buscad información y anotad el concepto de «desafectas». • Explicad por qué se habla de «doble represión» contra las mujeres.
Grupo «mapeo» o lugar de memoria	• Si se elige un «mapa del trabajo forzado» se seleccionará la comunidad autónoma correspondiente y se tratará de llevar a cabo un mapa con los trabajos forzados realizados durante la dictadura franquista. • Si se elige un lugar de memoria, se buscará el lugar y fechas extremas de funcionamiento y la obra en la que tuvieron que trabajar los presos.

Sesión 3.ª
Leer y reflexionar para poder opinar

Debate: ¿Derecho o deber de memoria? y ¿trabajo forzado hoy? Tarea a realizar individualmente
En primer lugar, deberás leer el texto, disponible en el anexo (sesión 3.ª).
Subraya aquellas palabras o expresiones que no entiendas con claridad y/o que llamen tu atención, y anótalas en tu cuaderno.

Comenzamos el debate:
• Comparte en voz alta las palabras o expresiones que no te quedan claras.
• Comenta respetando tu turno qué te ha llamado más la atención:
  - Del texto (puedes seleccionar una frase y ponerla entre comillas).
  - De lo investigado hasta ahora.
• A indicación del profesorado o moderador/a del debate, responde en tu cuaderno a las siguientes cuestiones:
  - Si hubieras vivido una situación traumática, ¿crees que se debería hablar de ella o guardarías silencio?
  - ¿Qué dice Todorov respecto a la autenticidad de la memoria?
  - ¿Cuáles son las razones por las que la autora considera legítimo el «deber de memoria»?
  - ¿Conocéis casos de pasados traumáticos aparte del español? Citad ejemplos.

Finalmente, habrá una puesta en común: ¡no dudes en realizar tu aportación y compartir tus respuestas!

Sesión 4.ª
Continuamos trabajando en grupo

Actividad. (Anotamos siempre tanto en el cuaderno como en el documento compartido)	
Grupo marco conceptual	• Buscad y anotad las definiciones de los siguientes conceptos: derechos humanos, desaparecidos, justicia transicional, memoria colectiva, pasados traumáticos, revisionismos, lugares de memoria, utilitarismo punitivo, victimarios. Recuerda que el profesorado siempre os puede ayudar. • Lo podéis organizar en una tabla con el concepto, la definición y, al menos, un ejemplo de cada una (cuándo y dónde).
Grupo sistema concentracionario	• Elaborad una tabla y un mapa con los tipos de trabajo realizado en los campos de concentración y la geografía de los mismos. • Podéis ayudaros de esta página, donde está publicada la tesis doctoral de Juan Carlos García Funes. Os interesarán especialmente las páginas 222 a 257 🔗
Grupo sistema penitenciario	• Elaborad una tabla y un mapa de las obras realizadas mediante el sistema de destacamentos penales. • Según la escala lo podéis hacer de vuestra provincia o de vuestra comunidad.
Grupo cárceles de mujeres	• Elaborad una tabla y/o mapa de las cárceles de mujeres en la España franquista, por provincias y comunidades autónomas.
Grupo «mapeo» o lugar de memoria específico	• Tratad de realizar una tabla con el número aproximado de trabajadores que sufrieron condena en el lugar investigado, intentando asignarlos al sistema concentracionario o al sistema penitenciario. • En la opción «lugar de memoria» buscad fotos e información respecto a la organización del trabajo, las condiciones de vida y las penurias sufridas.

Sesión 5.ª
Me pongo en su lugar: una producción escrita o gráfica

Actividad. (En vuestro grupo, vais a escribir o dibujar imaginando una de estas situaciones)	
Una producción escrita o gráfica	• Cada grupo debe elegir uno de estos formatos (¡Ojo! No se pueden repetir): - Carta de una persona presa a sus familiares relatando cómo se siente y cómo es la vida cotidiana en el lugar en el que está, desde que se levanta hasta que se acuesta. - Entrevista oral: parte del grupo asume la función de entrevistador/a y el resto de entrevistado/a. El «entrevistado/a» es una persona presa o prisionera al que se le preguntan cuestiones relacionadas: por qué está allí, cómo es la vida que lleva y cuáles son sus esperanzas. - Una nota de prensa: el grupo redacta una información sobre la investigación que está llevando a cabo: dónde, cuándo, por qué, para qué, con qué medios. - Un dibujo o cómic: se pueden plantear viñetas con una situación imaginada en un campo de concentración, una cárcel o un destacamento penal. **RECURSOS** Cartas de despedida de presos: • Las cartas de despedida de los «rojos» fusilados por Franco: «Me quedan dos horas escasas. ¡Adiós, hijos míos!» ✐ • Las cartas de los presos republicanos antes de morir: «Hijos, cuánto os he querido, pero todo terminó» ✐ • Un ejemplo: Carta de despedida del alcalde de Azagra Francisco Castro Berisa (enlace a Oroibidea ✐) (enlace a la carta ✐). Cómo hacer una entrevista de historia oral: Historia oral ✐ Cómo redactar una nota de prensa: 7 pasos para escribir una nota de prensa [Plantilla incluida] ✐ Cómic o dibujos: La II República y la Guerra Civil ✐
Al final de la clase, tendréis que poner en común con el resto de grupos los resultados de vuestra «simulación».	

Sesión 6.ª
Rematamos nuestro trabajo en grupo

Actividad. (Anotamos siempre tanto en el cuaderno como en el documento compartido)	
Grupo marco conceptual	• Buscad información sobre la Ley de Memoria Democrática del Estado español y sobre la específica de tu comunidad: escribid 5 ideas clave sobre cada una de ellas. • Buscad 10 noticias periodísticas de polémicas generadas por las leyes de memoria y reproducir sus titulares.
Grupo sistema concentracionario	• Realizad una breve selección de testimonios, cartas, etc., de personas que estuvieron sometidas a este tipo de trabajos y que recojan sus vivencias. • Seleccionad algunas frases (citando la fuente de dónde se han obtenido) a partir de dichos testimonios.
Grupo sistema penitenciario	
Grupo cárceles de mujeres	
Grupo «mapeo» o lugar de memoria específico	

Sesión 7.ª
A montar: tan moderno es un mural de toda la vida como un póster digital

Actividad. (Citad siempre las fuentes que utilicéis en vuestro trabajo)	
Grupo marco conceptual	• Pegad en un mural (clásico de cartulina) las principales definiciones buscadas. Se pueden redactar de la A-Z e ilustrar con fotos. • Realizad esa misma tarea en formato póster digital.
Grupo sistema concentracionario	• Seleccionad las tablas, mapas y testimonios más valiosos e imprimirlos en el mural de cartulina. • Haced la misma tarea en formato digital.
Grupo sistema penitenciario	• Seleccionad las tablas, mapas y testimonios más valiosos en el mural de cartulina. • Haced la misma tarea en formato digital.
Grupo cárceles de mujeres	• Seleccionad las tablas, mapas y testimonios más valiosos para imprimirlos en el mural de cartulina. • Haced la misma tarea en formato digital.
Grupo «mapeo» o lugar de memoria específico	• Elaborad un mapa de lugares donde existió trabajo forzado (cada uno de su comunidad autónoma). • O realizad una gran ficha del lugar de memoria investigado: lugar, fecha de funcionamiento, objetivo de la obra, número aproximado de presos o prisioneros, selección de testimonios. • Haced la misma tarea en formato digital.

Sesión 8.ª
Compartimos con nuestras compañeras y compañeros

Actividad. (Esta sesión tendrá dos partes)
En la primera, cada grupo traerá ya seleccionadas dos «diapositivas» con las conclusiones más importantes de su trabajo y lo expondrá oralmente al resto del alumnado, con ayuda del póster físico (mural) o digital, o bien elaborando uno específico para esta sesión.   Todos los miembros del grupo deben participar.
En la segunda parte, debéis compartir el material presentado con el resto de grupos: esos serán los «apuntes» del tema. El profesorado os indicará si lo imprime, lo sube a la plataforma que uséis habitualmente en clase o si copiáis las conclusiones de cada grupo en vuestro cuaderno.

Sesión 9.ª
Repasamos lo aprendido y compartimos con la comunidad educativa

Actividad. (En esta sesión final, con ayuda del profesorado haréis dos actividades)
Dejar expuestos los murales (físicos o digitales) en algún espacio del centro que se os indique y en la plataforma que uséis habitualmente en vuestro centro.
Un cuestionario para repasar algunos de los contenidos trabajados.

4. Evaluación

Criterio de evaluación	Muy bien (1 - 0,8 puntos)	Bien (0,7 - 0,6 p.)	A medias (0,5 - 0,4 p.)	Insuficiente (0,3 - 0 p.)	Puntos
Trabajo en equipo (2 punto)	Todos los miembros del equipo han trabajado mucho, han demostrado interés y han ido apuntando el trabajo regularmente en el diario.	Los miembros del equipo han trabajado y han mostrado interés, aunque algunas veces les ha costado ponerse a trabajar o se han despistado; algunos días no han apuntado todo el trabajo en el diario.	En general les ha costado trabajar, se han despistado bastante, han demostrado poco interés y muchos días no han apuntado el trabajo en el diario.	No han trabajado, se han despistado muchísimo y no han mostrado ningún interés. El diario está prácticamente sin hacer.	(x2)
Cuaderno de trabajo (1 punto)	Tienen todas las actividades realizadas; han contestado a todas las preguntas y han rellenado la ficha de trabajo durante las sesiones correspondientes.	Tienen casi todas las actividades realizadas; han contestado a casi todas las preguntas y han rellenado la ficha de trabajo durante las sesiones correspondientes.	Tienen actividades casi sin hacer y bastantes preguntas sin contestar, y en la ficha de trabajo falta bastante información porque no han trabajado todas las sesiones.	Tienen casi todas las actividades y preguntas sin contestar; la ficha de trabajo está casi sin hacer porque no han trabajado todas las sesiones.	(x1)
Debate (1 punto)	Han participado de forma activa en el debate, nombrando un/una portavoz que ha mostrado de forma eficaz sus opiniones.	Han participado en el debate, pero solo cuando se les ha pedido intervenir, realizando aportaciones interesantes.	Han participado poco en el debate, sin preparar mucho ni las intervenciones ni las opiniones.	No han aportado nada en el debate, mostrándose pasivas/os en la actividad.	(x1)
Expresión escrita (1 punto)	La expresión es muy buena, no cometen faltas de ortografía; utilizan los conceptos de forma correcta.	La expresión es buena, aunque hay alguna falta de ortografía; utilizan los conceptos de forma correcta.	La expresión no es buena, hay bastantes faltas de ortografía; no siempre utilizan los conceptos de forma correcta.	La expresión es mala, con muchas faltas de ortografía; no utilizan los conceptos de forma correcta.	(x1)
Contenido de la presentación sobre trabajo forzado (4 puntos)	El contenido está muy bien, han contestado a todas las preguntas, utilizando la información de todas las fuentes. Han citado las fuentes de forma correcta y han adjuntado muchas.	El contenido está bien, han contestando a todas las preguntas, pero les falta información y no citan siempre la fuente o no la adjuntan.	El contenido no está bien, falta información, hay preguntas que no contestan, no han utilizado todas las fuentes y muy pocas las citan o las adjuntan.	El contenido está mal, no han contestado la mayoría de las preguntas, no han consultado las fuentes y no las citan ni las adjuntan.	(x4)
Cuestionario (1 punto)	Ha contestado de forma correcta a todas las preguntas del cuestionario.	Ha contestado de forma correcta a casi todas las preguntas del cuestionario.	Apenas ha contestado a la mitad de las preguntas del cuestionario de forma correcta.	No ha alcanzado ni los mínimos para superar el cuestionario.	(x1)

Anexo.
Fuentes para el alumnado

Fuentes para la sesión 1.ª

Comunidad	Represión franquista	Represión republicana	N.º de exhumaciones	Restos recuperados
Andalucía	51.090	8.356	95	3.922
Aragón	8.523	3.901	79	368
Asturias	5.952	2.000	13	88
Baleares	2.265	323	12	61
Canarias	2.600	-	6	44
Cantabria	2.535	1.283	2	6
Castilla-La Mancha	13.604	7.630	47	883
Castilla-León	16.252	575	225	1.882
Cataluña	3.688	8.352	45	382
Ceuta-Melilla-Protectorado	768	-	-	-
Extremadura	11.551	1.587	39	426
Galicia	4.727	-	21	68
Madrid	3.522	8.815	3	7
Murcia	1.417	740	1	2
Navarra	2.932	-	48	204
País Vasco	1.468	945	47	109
La Rioja	2.000	-	4	22
Valencia	5.265	4.880	27	397
TOTAL	140.159	49.347	714	8.871

La represión por comunidades autónomas. Fuente: Espinosa (2021).

Nota: como estos datos son 2021, es conveniente actualizar los datos referidos a algunas CCAA a través de sus respectivas bases de datos. En el caso de Navarra, por ejemplo, consultar https://oroibidea.es

El trabajo forzado de los 'rojos' en campos de concentración que Franco usó para erigir "la Nueva España"

El franquismo no solo levantó campos para recluir a prisioneros republicanos, sino que puso en marcha todo un sistema de mano de obra forzada integrado por los cautivos considerados "desafectos" al "Glorioso Movimiento Nacional", más de 95.000 en abril de 1939

— Plazas de toros, hoteles, colegios: los campos de concentración del franquismo por los que pasas sin saber que lo fueron

Una pequeña noticia de prensa introductoria sobre trabajo forzado: https://www.eldiario.es/sociedad/trabajo-forzado-rojos-campos-concentracion-franco-erigir-nueva-espana_1_9880154.html

FRANQUISMO

PILARES DEL RÉGIMEN

EJÉRCITO

IGLESIA

FALANGE

CARACTERÍSTICAS DEL RÉGIMEN

FASCISMO

ANTILIBERALISMO

ANTICOMUNISMO

NACIONALISMO

CATOLICISMO

MILITARISMO

BASES SOCIALES

BURGUESÍA

TERRATENIENTES

CLASES MEDIAS

CATÓLICOS

MONÁRQUICOS

ESTRUCTURA DEL ESTADO

se conoce como

DEMOCRACIA ORGÁNICA

TOTALITARISMO

JEFE DE ESTADO

CORTES CONSULTIVAS

LEYES FUNDAMENTALES:

- Fuero del Trabajo 1938
- Ley de Corte 1942
- Fuero de los Españoles 1945
- Ley Referéndum Nacional 1945
- Ley Sucesión Jefatura del Estado 1947
- Principios del Movimiento Nacional 1958
- Ley Orgánica del Estado 1967

Gráfica extraída de https://espahisto.blogspot.com/2011/09/tema-151-la-creacion-del-estado.html

Webs de consulta para que cada grupo de trabajo pueda encontrar la información de las sesiones 2, 4 y 6.

Grupo marco conceptual
Página de la OIT explicando qué es el trabajo forzoso. ¿Qué son el trabajo forzoso, las formas modernas de esclavitud y la trata de seres humanos? 🔗
Página de la Coalicion Internacional de Sitios de Conciencia explicando qué son y por qué deben conocerse 🔗
Página de la ICTJ que trabaja en sociedades de todo el mundo afrontando las causas y abordando las consecuencias de violaciones masivas de derechos humanos. ¿Qué es la justicia transicional? 🔗
Noticia de Edunews explicando qué es el revisionismo histórico. ¿Qué es el revisionismo histórico? 🔗
Noticia de *The New York Times* que explica a través de la neurología cómo se procesan los traumas del pasado 🔗
Página oficial del Ministerio de Política Territorial y Democrática con explicaciones introductorias sobre el tema. Verdad, justicia y reparación. Introducción a la memoria democrática 🔗
Página oficial del Ministerio de Política Territorial y Democrática con la normativa en vigor 🔗
Texto de la Ley Foral 29/2018, de 26 de diciembre, de lugares de la memoria histórica de Navarra 🔗

Grupo sistema concentracionario
Página del Museo Memorial del Holocausto (EEUU), con información sobre los lager nazis. Los campos nazis 🔗
Tesis de Juan Carlos García Funes sobre trabajos forzados en el sistema concentracionario (en especial pp. 223-257) 🔗
Gastón Aguas, José Miguel y Mendiola Gonzalo, Fernando [coords.] (2007). *Los trabajos forzados en la dictadura franquista.* Pamplona: Instituto Gerónimo de Uztariz y Memoriaren Bideak 🔗 🔗
Organero, Ángel (2007). *Batallón de pico y pala: cautivos toledanos en Navarra (Lesaka, 1939-1942).* Pamplona: Pamiela 🔗

Grupo sistema penitenciario
Página de Wikipedia sobre el sistema de Redención de Penas por el Trabajo 🔗
Página de memoria de la Presò de Dones de Les Corts, que explica las memorias del Patronato de Redención de Penas por el Trabajo 🔗
Gastón Aguas, José Miguel y Mendiola Gonzalo, Fernando [coords.] (2007). *Los trabajos forzados en la dictadura franquista.* Pamplona: Instituto Gerónimo de Uztariz y Memoriaren Bideak 🔗
Página del Gobierno de Aragón que describe el sistema de Destacamentos Penales, Campos y Colonias Penitenciarias 🔗
«De estos cueros sacaré buenos látigos. Tecnologías de represión en el destacamento penal franquista de Bustarviejo (Madrid)». Artículo del equipo de investigación que intervino en el destacamento en que se explican las tecnologías de la represión 🔗
Nota breve explicando el trabajo arqueológico en los destacamentos con enlaces sobre el Valle de Cuelgamuros. 🔗
Reseña de prensa de un libro que investiga el destacamento penal de Irún (Gipuzkoa). «A pico y pala, memoria histórica del destacamento penal de Irun» 🔗
Reconstrucción del destacamento penal de Banús en el Valle de Cuelgamuros (llevado a cabo por INCIPIT) 🔗

Grupo cárceles de mujeres
Los trabajos forzados en la dictadura franquista, en concreto a la parte dedicada al trabajo de las mujeres presas 🔗
Monográfico de *elDiario.es* sobre la doble represión de Franco sobre la mujer 🔗
«Dones, presons i repressiò franquista» del colectivo Feministes de Catalunya 🔗
«Mujeres, la represión en el franquismo» explica el concepto de «higinene social» 🔗
Página de historia de la cárcel de mujeres de Ventas (Madrid), con numerosos testimonios orales 🔗
Página de historia de la cárcel de Les Corts (Barcelona, 1939-1955), con numerosos testimonios orales 🔗
Situación penitenciaria de las mujeres presas en la cárcel de Saturrarán durante la guerra civil española y la primera posguerra. Hacia la recuperación de su memoria, publicada por Emakunde en 2009 🔗
«La Prisión Central de Mujeres de Amorebieta en el circuito carcelario femenino creado por el franquismo» 🔗
Portal de Hismedi, que permite acceder a numerosos recursos digitales sobre cárceles de mujeres 🔗
Reportaje de prensa donde se profundiza sobre la vida en las cárceles de mujeres 🔗

Mapa del Estado español con las tipologías del trabajo forzado en el sistema concentracionario (Fuente: García Funes, Juan Carlos (2022). *Desafectos. Batallones de trabajo forzado en el franquismo.* Granada: Comares, p. 139).

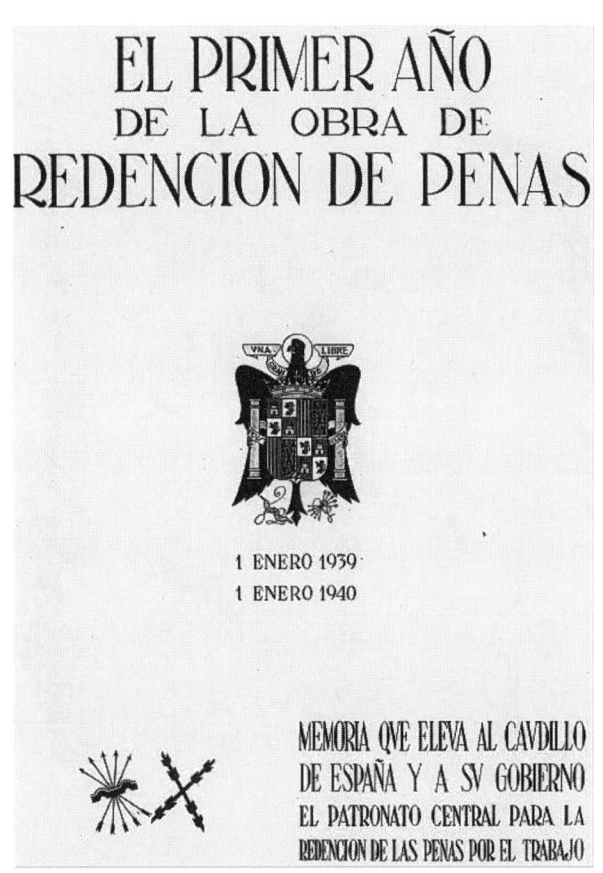

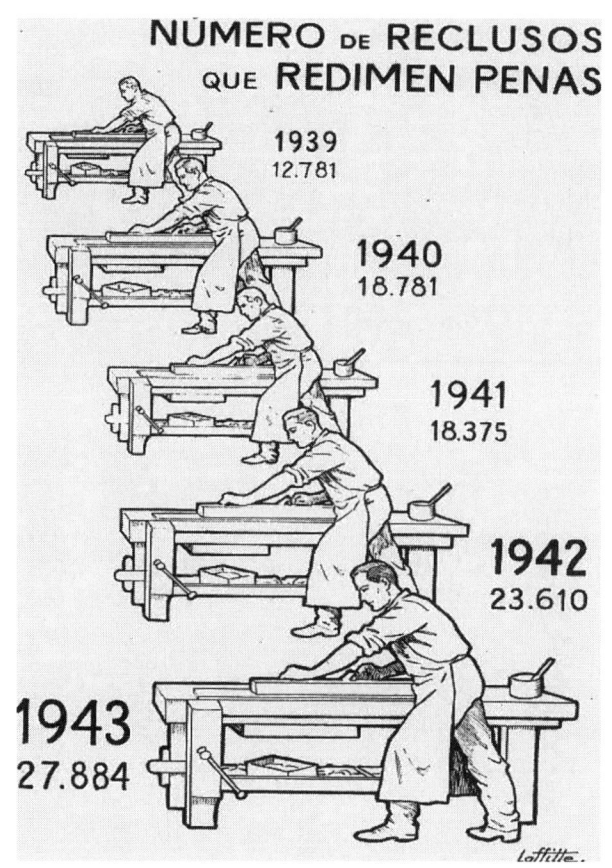

Infografías del franquismo sobre el Patronato de Redención de Penas por el Trabajo. Arriba a la izquierda: portada de la primera memoria del Patronato Central de Redención de Penas por el Trabajo de 1939. Madrid, 1940. Arriba a la derecha: número de reclusos que redimen penas. Memoria del Patronato Central de Nuestra Señora de la Merced para la Redención de Penas por el Trabajo de 1943. Madrid, 1944. Abajo: libertades condicionales otorgadas durante el año 1945. Memoria del Patronato Central de Nuestra Señora de la Merced para la Redención de Penas por el Trabajo de 1945. Madrid, 1946.

Fuentes para el trabajo de la sesión 3.ª

Texto:
«Sobre el deber de memoria», Rosa E. Belvedresi (Conicet)

Se suele admitir que hay un deber de memoria según el cual las comunidades sociales están obligadas a rememorar el pasado como un modo de saldar sus deudas con él. El recuerdo compartido permitiría restañar aquellas heridas causadas por acciones pasadas y que provocaron la muerte, la humillación, el dolor de quienes fueron víctimas y de sus sucesores. Detrás del deber de recordar se esconde el supuesto que se expresa en la famosa aserción de que los pueblos que no conocen su historia están obligados a repetirla. De este modo, el ejercicio de la memoria colectiva permitiría impartir una forma de justicia para restaurar el equilibrio entre los semejantes, roto por la violencia que subvirtió los códigos de la vida en común.

Como bien lo ha señalado T. Todorov en sus escritos, el ejercicio de la memoria por sí misma no garantiza que las situaciones injustas del pasado no se repitan en el presente o en el futuro. Las formas ritualizadas de las conmemoraciones colectivas no son un vehículo que garantice que las sociedades, y sus miembros, revisen su papel en la historia. Más bien, lo contrario. El exceso de las ceremonias de memoria en las sociedades actuales, manifestado en la creación de innumerables espacios conmemorativos, el establecimiento de fechas especiales en los calendarios, la modificación de determinados contenidos escolares y hasta la sanción de algunas leyes en particular; no ha dirigido a la humanidad a una vida más justa en el planeta ni ha evitado los enfrentamientos armados con argumentos casi calcados de los que se usaron hace apenas décadas atrás. Ese ejercicio de memoria que vemos por doquier, por el cual los jefes de estado expresan en actos públicos sus condolencias por las víctimas del pasado o establecen las directrices que debemos seguir el resto de los ciudadanos para cumplir con aquel deber, no parece haber influido en las prácticas de discriminación o violencias de distinto tipo que siguen repitiéndose hoy en día.

Cabe preguntarse, ¿es legítimo un tal deber de memoria? Una primera respuesta a esta pregunta es un rotundo sí. Una forma de paliar los dolores causados es que las víctimas sean recordadas y puedan recuperarse sus historias de vida. Historias que la violencia intentó silenciar. El ejercicio de la memoria es un triunfo frente al silencio y una forma de ejercer una justicia que excede a los tribunales, a los que complementa. (...)

Volvamos entonces, ¿puede defenderse un deber de memoria? Sí, bajo ciertas circunstancias. Cuando como comunidad no se ha logrado comprender en toda su profundidad las zonas oscuras del pasado, y en el presente aún se disputa sobre la justicia de las demandas de reparación de quienes son sus víctimas, el deber de memoria es exigible a todos como una forma de nombrar a los vencidos y oponerse, benjaminianamente, al monólogo histórico de los vencedores. Pero también debe decirse que, frente al futuro y a las nuevas generaciones, ese deber debe, necesariamente, pensarse como una herencia abierta a las re-interpretaciones y no como una lista cerrada de tareas a cumplir. Es decir, antes que como un ritual laico de rememoraciones vacías, el deber de memoria debe pensarse como la obligación de revisar nuestras comprensiones de la comunidad (local, nacional o incluso planetaria) de la que formamos parte. Solo así, recordar servirá para intervenir frente a las injusticias que todavía se perpetúan en el presente y amenazan con sostenerse en el futuro. Como dijo Roman Kent en el 70° aniversario de la liberación de Auschwitz: «no queremos que nuestro pasado sea el futuro de nuestros hijos». Ése es el desafío que hay que superar para poder cumplir con el deber de memoria. Es decir, pensar el pasado en clave de futuro.

Publicado en: https://www.barbarie.lat/post/sobre-el-deber-de-memoria

Las mulas de la Nueva España

Trabajo forzado en la fortificación del Pirineo (1939-1942)

Edurne Beaumont Esandi
Germán Esparza Larramendi

INSTITUTO NAVARRO DE LA
MEMORIA
REN NAFARROAKO INSTITUTUA

Gobierno
de Navarra
Nafarroako
Gobernua

Título: Las mulas de la Nueva España. Trabajo forzado en la fortificación del Pirineo (1939-1942). Cuaderno del alumnado

Autoría: Edurne Beaumont Esandi y Germán Esparza Larramendi

1.ª edición, 2025

Edita:

Gobierno de Navarra. Dirección General de Memoria y Convivencia. Instituto Navarro de la Memoria

@ Edurne Beaumont Esandi, Germán Esparza Larramendi

@ Gobierno de Navarra

Fotografía de cubierta: Errenteria Oiartzun Lezo (Gipuzkoa), 1941-1942. Reparto de rancho Batallón Disciplinario de Soldados Trabajadores 38 BDST. Centro Documental del Socialismo Vasco. Colección Luis Ortiz Alfau. ES.48020.ASV.ILOA/3.0.1//007 y ES.48020. ASV. ILOA/3.0.1//006.

Fotografías:
Pág. 6. Memoria del PCNSM, 1952. Vista del taller textil, con monja mercedaria al fondo.
Pág. 8. Gallarta (Bizkaia), 1938. Prisioneros en el Batallón de Trabajadores 1, en las minas. BNE, Biblioteca Digital Hispánica. GC-CAJA/8/20.
Pág. 20. Obreros en el pantano de Luna, donde se usó mano de obra reclusa. Club Xeitu.
Pág. 52. Pola de Gordón (León), 1937. Prisioneros vascos trabajando en la construcción de una carretera. BNE, Biblioteca Digital Hispánica. GC-CAJA/89/9.

Diseño y maquetación: Kö estudio

Impresión: Gráficas Alzate

DL NA 23-2025

ISBN: 978-84-235-3716-7

Las versiones impresas no contienen las URL de los recursos web referenciados. Para ello es necesario utilizar la versión en PDF. Puede descargarse la *Guía del profesorado* y las dos guías del alumnado en PDF en el siguiente enlace:
https://pazyconvivencia.navarra.es/es/el-trabajo-forzado-en-la-dictadura-franquista

ESCANEA EL QR

Índice

1. Misión

La Organización Internacional del Trabajo, perteneciente a Naciones Unidas, define «trabajo forzoso u obligatorio» como «todo trabajo o servicio exigido a un individuo bajo la amenaza de una pena cualquiera y para el cual dicho individuo no se ofrece voluntariamente» ¿Sabías que durante la dictadura franquista miles de personas fueron condenadas a realizar trabajos forzados?

A través de esta situación de aprendizaje podrás investigar sobre cómo se realizaron los trabajos de fortificación del Pirineo, en el contexto de la II Guerra Mundial, como una parte de la política represiva del régimen de Franco. Tu papel es el de participar, de forma activa, en todas las actividades que se propongan. A lo largo de la investigación recopilarás información, trabajarás con fuentes, analizarás textos, escribirás y presentarás tu trabajo.

2. Justificación

Tanto el temario de 4.º de ESO, como algunas materias de Bachillerato, incluyen contenidos relacionados con la memoria democrática, por lo que se deben conocer. Las leyes que lo garantizan se basan en varios principios: verdad, justicia, reparación y garantías de no repetición. En la formación de vuestra ciudadanía son fundamentales los valores democráticos: convivencia, pluralismo, defensa de los derechos humanos, cultura de paz e igualdad de hombres y mujeres. Además, debemos observar la realidad que nos rodea para que determinadas situaciones ligadas a la privación de libertades no se repitan ni aparezcan de nuevo.

3. Proceso de trabajo de la investigación

El trabajo que hay que elaborar y presentar a lo largo de la investigación se compone de los siguientes elementos:

- **Cuaderno de trabajo** con las anotaciones diarias: respuestas a las preguntas planteadas y ficha de trabajo en una de las actividades (fuentes consultadas, información recabada y qué dificultades hemos encontrado).

- **Presentación** en la que trataremos de ofrecer, de una manera sintética, respuesta a las preguntas que a lo largo de la unidad se han ido planteando. En la presentación debe quedar **explicado lo que significaron los trabajos forzados en Navarra en la fortificación defensiva del Pirineo y construcción de carreteras**. Para ello elaboraremos una presentación utilizando las herramientas que consideréis oportunas (Genially, Google Site, Prezi, Canva, etc.).

- **Geolocalización** en Google Earth de algunos de los restos de fortificación y de las carreteras que se realizaron en Navarra en la posguerra mediante trabajo forzado.

- **Reflexión escrita grupal** sobre para qué sirve estudiar este pasado, y sobre las situaciones injustas que se están dando hoy en día en torno a la nueva «fortificación del Pirineo» y otras fronteras para personas migrantes/refugiadas, así como el trabajo forzado en la actualidad.

Sesión 1.ª

Actividad 1

Vamos a visionar el vídeo *Carretera de Igal a Vidángoz*, lugar de memoria. (www.espaciosdememoria. com/es/lugar-de-memoria/carretera-de-igal-a-vidangoz#landmark-vídeo-1 🔗). Una vez visto, en grupo responderemos a estas preguntas.

¿Dónde está situada la carretera que aparece en el vídeo? ¿Sabríais situar los pueblos que se ven en el mapa? (en qué valles se encuentran).

_____

_____

_____

_____

Además de la carretera, en el vídeo se ven unas construcciones. ¿Qué os han sugerido que pudieron ser? ¿Por qué? ¿Os atreveríais a situarlas en un contexto histórico?

_____

_____

_____

¿Qué otros elementos aparecen a lo largo del vídeo? ¿Qué os han sugerido?

_____

_____

_____

_____

¿Qué montes, algunos nevados, se ven al fondo de la carretera?

_____

_____

_____

Al principio y al final del vídeo aparece un logo donde pone *Lugares de Memoria*. ¿A qué puede hacer referencia eso?

_____

_____

_____

Al finalizar, haremos una puesta en común en clase, para ver qué ha sugerido el vídeo a cada grupo.

Tarea

La carretera de Igal a Vidángoz se empezó a construir en 1939, finalizada la guerra civil. Para su construcción fueron enviados a los valles de Salazar y Roncal cientos de prisioneros procedentes de los campos de concentración franquistas, castigados a hacer trabajos forzados en batallones. Uno de los prisioneros castigados oyó esta frase cuando llegó a Igal: «Sois las mulas de la Nueva España», haciendo referencia a que su función y la de otros prisioneros iba a ser la de trabajar a las órdenes de la dictadura franquista. Pero, además de a Igal y Vidángoz, cientos de prisioneros llegaron también a otros pueblos del Pirineo navarro castigados a realizar trabajos forzados. Así, un total de 15.000 prisioneros estuvieron realizando trabajos en la frontera con Francia o cerca de ella entre 1939 y 1942.

En las siguientes sesiones de clase iremos respondiendo a una serie de preguntas que se nos plantean, de tal forma que vayamos descubriendo una de las modalidades de castigo de la dictadura franquista hacia sus opositores, la del trabajo forzado en batallones. Preguntas que tendremos que responder:

- ¿Quiénes vinieron a Navarra y por qué? (Contexto histórico)
- ¿Qué trabajo realizaron y en qué pueblos?
- ¿Cómo fue su experiencia?
- ¿Qué impacto tuvo en los pueblos y en sus familias?

Para responder a estas preguntas vamos a utilizar distintas fuentes históricas, que tendremos que consultar a lo largo de la unidad. En este cuaderno iremos recogiendo la información que vayamos recopilando.

Actividad 2.
Identificación y clasificación de las fuentes

En el siguiente cuadro vamos a identificar y clasificar las fuentes que tenemos en el anexo. Antes, el profesor/a explicará qué es una fuente histórica y qué tipos hay (fuentes primarias y fuentes secundarias).

Hecho esto, tenemos que revisar las fuentes y apuntar en este cuadro qué fuente es (identificación) y de qué tipo. Aquí tenemos dos ejemplos:

Fuentes primarias	Fuentes secundarias
Fuentes orales: testimonios de prisioneros que realizaron trabajos forzados en Navarra.	Textos de *Fronteras de Hormigón*.

Actividad 3.
¿Quiénes vinieron y por qué vinieron?
El contexto histórico del trabajo forzado y la fortificación del Pirineo

Vamos a **contextualizar** la modalidad de trabajo forzado de batallones en el franquismo y su utilización en la fortificación del Pirineo, mediante la **lectura de dos textos** del proyecto *Fronteras de Hormigón* que habremos encontrado entre las fuentes; por lo tanto, en esta sesión vamos a trabajar principalmente con esa fuente. Una vez hecha la lectura, tenemos que responder a unas preguntas, que luego corregiremos entre toda la clase.

a. Construyendo la «frontera infranqueable» pirenaica

Al acabar la guerra civil, con la dictadura de Franco, se comenzaron a construir cientos de fortificaciones en el Pirineo. ¿Con qué objetivo se hicieron?

_____

_____

_____

¿En qué dos fases se realizó la fortificación y qué zonas se fortificaron en cada fase?

_____

_____

_____

¿Por qué creéis que el final de la 2.ª Guerra Mundial en 1945, con la victoria de los Aliados, se aceleró la fortificación del Pirineo?

_____

_____

_____

Para fortificar la frontera del Pirineo se construyeron 169 centros de resistencia (CR) a lo largo de 500 km. ¿Qué tipo de construcciones se hicieron en la zona de Gipuzkoa y Navarra?

_____

_____

Para la fortificación de la frontera, ¿qué otro tipo de obras fueron fundamentales? ¿Qué objetivo tenían?

_____

_____

b. ¿Quiénes construyen las fortificaciones del Pirineo?

¿Qué tipo de mano de obra se utilizó en la fortificación del Pirineo?

_____

_____

_____

_____

Al finalizar la guerra civil en 1939, varios batallones de trabajo forzado llegaron al Pirineo para la fortificación. Estos batallones se formaron en los campos de concentración. ¿De qué organización dependían los campos de concentración franquistas?

_____

_____

_____

_____

¿Qué personas fueron castigadas a trabajar en estos batallones? ¿Cómo se les clasificó en los campos de concentración? ¿Qué criterio siguieron para clasificarlos así?

_____

_____

_____

_____

En 1940 se crearon batallones nuevos, ahora con jóvenes a los que se obligó a hacer de nuevo el servicio militar (ya que no se les reconocía el haberlo hecho en el ejército de la República durante la guerra). ¿Cómo se les volvió a clasificar y a dónde se les envió?

_____

_____

_____

_____

¿Cuánto tiempo y cuántos prisioneros estuvieron haciendo trabajos forzados en el Pirineo vasco-navarro?

_____

_____

_____

¿Cuál era la finalidad de estos batallones de acuerdo a su reglamento oficial?

_____

_____

_____

Una vez que hemos respondido a estas preguntas, las corregiremos en clase. Hecho esto, tenemos que buscar entre las fuentes informes sobre algún prisionero que nos ayuden a entender por qué les castigaron:

¿Quiénes hicieron los informes?

_____

_____

_____

_____

¿Qué dicen de ellos? (¿qué características políticas tenían esas personas según los informes?)

_____

_____

_____

_____

Sesiones 4.ª, 5.ª y 6.ª

Actividad 4.
Interrogamos a las fuentes en busca de información

En las siguientes sesiones vamos a ir respondiendo al resto de preguntas, consultando las fuentes que tenemos en el anexo. Con la lectura de los textos anteriores ya tenemos también alguna pista. Podemos repasar el cuadro donde hemos identificado y clasificado las fuentes. A partir de ahora trataremos de responder a las siguientes preguntas:

¿De dónde venían los prisioneros? ¿Qué lugares podían recorrer antes de llegar aquí?
En las fuentes podemos encontrar las provincias de las que procedían algunos de ellos. Y en una libreta de un prisionero podemos ver en cuántos sitios diferentes podían estar mientras estaban prisioneros (por ejemplo, antes de llegar a Navarra).

¿Cómo fue su experiencia?
Los testimonios de los prisioneros son la mejor fuente para saber cómo vivieron mientras fueron prisioneros en Navarra. Algunos parece que intentaron fugarse...

¿Qué impacto tuvieron en los pueblos y en las familias de los prisioneros?
En los pueblos donde estuvieron estos batallones también tuvieron su repercusión: por ejemplo, hay quejas de los Ayuntamientos, de los vecinos y vecinas (testimonios orales), etc. Y el tiempo en el batallón también tuvo repercusión en sus familias (sus testimonios son una prueba de ello).

IMPORTANTE: ir apuntando en la siguiente ficha las fuentes consultadas, la información necesaria para realizar la presentación final con la explicación sobre los trabajos forzados que hay que realizar y las dificultades que hemos tenido. Si no hay espacio, hacemos una copia o lo apuntamos en otro sitio (luego lo adjuntaremos).

Ficha de trabajo
Origen de los prisioneros: fuentes consultadas e información recabada. Dificultades encontradas.
Experiencia de los prisioneros: fuentes consultadas e información recabada. Dificultades encontradas.
Origen de los prisioneros: fuentes consultadas e información recabada. Dificultades encontradas.

Impacto en los pueblos: fuentes consultadas e información recabada. Dificultades encontradas.

Impacto en las familias: fuentes consultadas e información recabada. Dificultades encontradas.

Sesiones 7.ª y 8.ª

Actividad 5.
Geolocalización de algunos de los restos de fortificación y carreteras.
¿Qué trabajos realizaron y en qué lugares de navarra?

1. A partir del **cuadro sobre batallones en la construcción de carreteras y fortificaciones que encontraremos entre las fuentes** (ver fuentes), enumeraremos las localidades donde estuvieron fortificando y las carreteras construidas con este sistema de trabajo forzado:

_____

_____

_____

_____

2. Vamos a **geolocalizar** en Google Earth algunos de los restos de nidos de ametralladora y/o búnkeres; y los pueblos que unen las carreteras que se empezaron a hacer con trabajo forzado (el profesor/a explicará cómo hacerlo, pero aquí tienes un tutorial ✏). Además, geolocalizaremos el barracón de prisioneros construido en Igal y el monolito en homenaje a ellos que se hizo en 2004. Para ello utilizaremos **las siguientes coordenadas:**

Localidad	Construcción	Coordenadas
Bera	Búnker	43°18'10''N, 01°40'46''W
	Campamento prisioneros	43°18'13''N, 01°40'54''W
Otsondo	Fortín	43°14'14''N, 01°29'50''W
	Búnker con galería	43°14'21''N, 01°29'08''W
	Línea de trincheras	43°14'22''N, 01°29'55''W
	Campamento de prisioneros	43°14'0''N, 01°29'54''W
Erratzu	Campamento de ingenieros	43°10'51''N, 01°26'41''W
	Fortín	43°10'55''N, 01°26'39''W
	Búnker con galería	43°10'57''N, 01°26'37''W
Eugi	Búnker de ametralladoras	43°02'09''N, 01°28'08''W
Igal	Barracón	42°48'39''N, 01°02'43''W
	Monolito de memoria	42°48'22''N, 01°01'48''W
Ibañeta	Línea de trincheras	43°01'33''N, 01°18'37''W

Una vez geolocalizados, tenemos que **adjuntar fotos** y **algo de información sobre los lugares geolocalizados**. En este enlace podemos encontrar fotos y más información: https://www.espaciosdememoria.com/es/ (ver trabajos forzados). Además, podemos consultar la página web de Geoportal de Navarra (https://geoportal. navarra.es/es/), y buscar mapas históricos con esas coordenadas y compararlas con la actualidad.

Sesión 9.ª

<table>
<tr><td>

Actividad 6.
Realización de la presentación
</td></tr>
<tr><td>

Vamos a hacer la presentación donde explicaremos el trabajo forzado en la fortificación del Pirineo navarro (utilizando toda la información que hemos recabado de las fuentes). En la presentación tendremos que citar las fuentes de donde hemos sacado la información y adjuntaremos alguna (cuantas más mejor). Decidimos el formato (Canva, Google Sites, etc.).
</td></tr>
</table>

Sesión 10.ª

<table>
<tr><td>

Actividad 7.
¿Para qué estudiar esto?
</td></tr>
<tr><td>

Vamos a visionar tres breves vídeos (y, opcionalmente, un documental), para plantear un debate entre todas y todos, que sirva para hacer la reflexión final que deberemos presentar por escrito. Estas son las preguntas que se plantean: ¿Para qué hacer memoria de estos sucesos del pasado? ¿Hacia una «nueva fortificación» del Pirineo y otras fronteras para personas migrantes y/o refugiadas? ¿Qué otras formas adquiere el trabajo forzado en la actualidad? ¿A qué grupos afecta?

La carretera de Igal a Vidángoz, *lugar de memoria*: ¿qué nos sugiere ésto ahora?

RECURSOS

Estos son los vídeos que se proponen: vuestro profesor/as los pondrá en clase, pero aquí tenemos la posibilidad de verlos por nuestra cuenta:

- Reflexión de Susana Lusar, directora de la escuela de Roncal en 2017, en el homenaje a los prisioneros en el Alto de Igal-Vidángoz en 2017 🔗
- Tráiler del documental dirigido por Fermín Muguruza «Bidasoa 2018-2023» 🔗
- Para profundizar en el debate en torno a las fronteras en la actualidad con el alumnado, se puede visionar el documental del Instituto Navarro de la Memoria, *Mugarantz. Hacia la frontera*, dirigido por Aritz Gorostiaga.
- Vídeo que hay en el informe de la OIT sobre trabajo forzado 🔗

A este debate podemos aportar toda la información y opinión que tengamos sobre estos temas, lo que hayamos leído, visto o escuchado. Podemos tomar notas de lo que digan el resto de compañeros y compañeras, de lo que diga nuestro profesor o profesora, y con eso hacer nuestra propia reflexión grupal escrita sobre los temas que se plantean.
</td></tr>
</table>

4. Evaluación

Criterio de evaluación	Muy bien (1 - 0,8 puntos)	Bien (0,7 - 0,6 p.)	A medias (0,5 - 0,4 p.)	Insuficiente (0,3 - 0 p.)	Puntos
Trabajo en equipo (1 punto)	Todos los miembros del equipo han trabajado mucho, han demostrado interés y han ido apuntando el trabajo regularmente en el diario.	Los miembros del equipo han trabajado y han mostrado interés, aunque algunas veces les ha costado ponerse a trabajar o se han despistado; algunos días no han apuntado todo el trabajo en el diario.	En general les ha costado trabajar, se han despistado bastante, han demostrado poco interés y muchos días no han apuntado el trabajo en el diario.	No han trabajado, se han despistado muchísimo y no han mostrado ningún interés. El diario está prácticamente sin hacer.	(x1)
Cuaderno de trabajo (1 punto)	Tienen todas las actividades realizadas; han contestado a todas las preguntas y han rellenado la ficha de trabajo durante las sesiones correspondientes.	Tienen casi todas las actividades realizadas; han contestado a casi todas las preguntas y han rellenado la ficha de trabajo durante las sesiones correspondientes.	Tienen actividades casi sin hacer y bastantes preguntas sin contestar, y en la ficha de trabajo falta bastante información porque no han trabajado todas las sesiones.	Tienen casi todas las actividades y preguntas sin contestar; la ficha de trabajo está casi sin hacer porque no han trabajado todas las sesiones.	(x1)
Expresión escrita (1 punto)	La expresión es muy buena, no cometen faltas de ortografía; utilizan los conceptos de forma correcta.	La expresión es buena, aunque hay alguna falta de ortografía; utilizan los conceptos de forma correcta.	La expresión no es buena, hay bastantes faltas de ortografía; no siempre utilizan los conceptos de forma correcta.	La expresión es mala, con muchas faltas de ortografía; no utilizan los conceptos de forma correcta.	(x1)
Contenido de la presentación sobre trabajo forzado (4 puntos)	El contenido está muy bien, han contestado a todas las preguntas, utilizando la información de todas las fuentes. Han citado las fuentes de forma correcta y han adjuntado muchas.	El contenido está bien, han contestando a todas las preguntas, pero les falta información y no citan siempre la fuente o no la adjuntan.	El contenido no está bien, falta información, hay preguntas que no contestan, no han utilizado todas las fuentes y muy pocas las citan o las adjuntan.	El contenido está mal, no han contestado la mayoría de las preguntas, no han consultado las fuentes y no las citan ni las adjuntan.	(x4)
Geolocalización (1 punto)	Han geolocalizado todos los lugares, adjuntando fotos y han añadido información sobre todos los lugares geolocalizados.	Han geolocalizado todos los lugares, adjuntando fotos; han añadido información sobre algunos lugares.	Han geolocalizado todos los lugares, adjuntando fotos; pero no han añadido información.	No han geolocalizado todos los lugares, no han adjuntando fotos ni información sobre lugares geolocalizados.	(x1)
Reflexión escrita (2 puntos)	Han hecho una reflexión muy rica sobre los todos los aspectos pedidos, han tenido en cuenta el debate en clase y han aportado ideas propias.	Han hecho una reflexión rica sobre los todos los aspectos pedidos, han tenido bastante en cuenta el debate en clase, aunque no han aportado ideas propias.	Han hecho una reflexión pobre, sin incidir sobre los aspectos pedidos, no han tenido en cuenta el debate en clase y no han aportado ideas propias.	Han hecho una reflexión muy pobre, sin incidir en ninguno de los los aspectos pedidos, no han tenido en cuenta el debate en clase y no han aportado ninguna idea.	(x2)

Anexo 1.
Fuentes para el alumnado

Construyendo
LA "FRONTERA INFRANQUEABLE" PIRENAICA

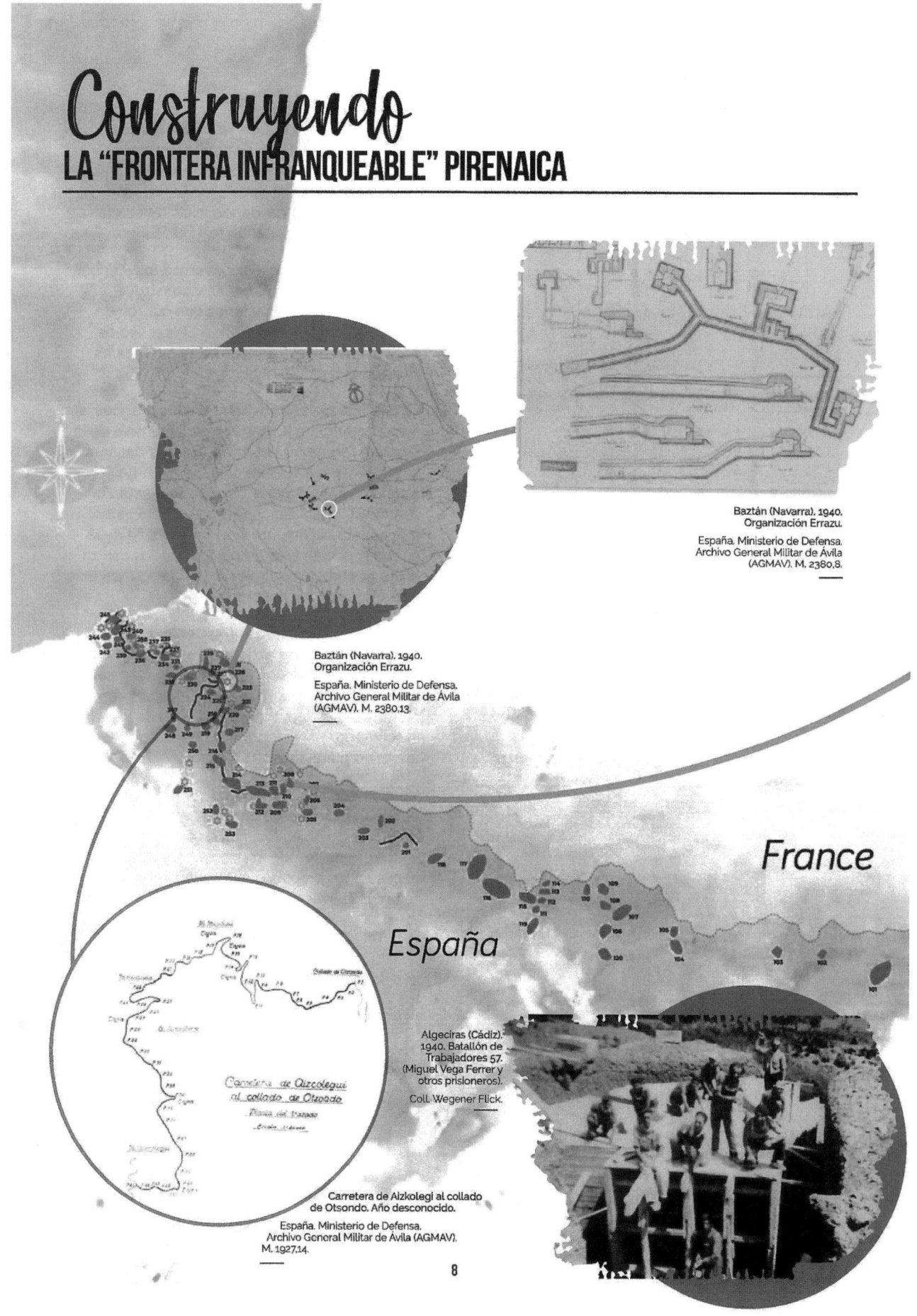

Baztán (Navarra). 1940.
Organización Errazu.

España. Ministerio de Defensa.
Archivo General Militar de Ávila
(AGMAV). M. 2380,8.

Baztán (Navarra). 1940.
Organización Errazu.

España. Ministerio de Defensa.
Archivo General Militar de Ávila
(AGMAV). M. 2380,13.

France

España

Algeciras (Cádiz).
1940. Batallón de
Trabajadores 57.
(Miguel Vega Ferrer y
otros prisioneros).

Coll. Wegener Flick.

Carretera de Aizkolegi al collado
de Otsondo. Año desconocido.

España. Ministerio de Defensa.
Archivo General Militar de Ávila (AGMAV).
M. 1927,14.

8

Folleto Fronteras de Hormigón (https://fronterasdehormigon.com).

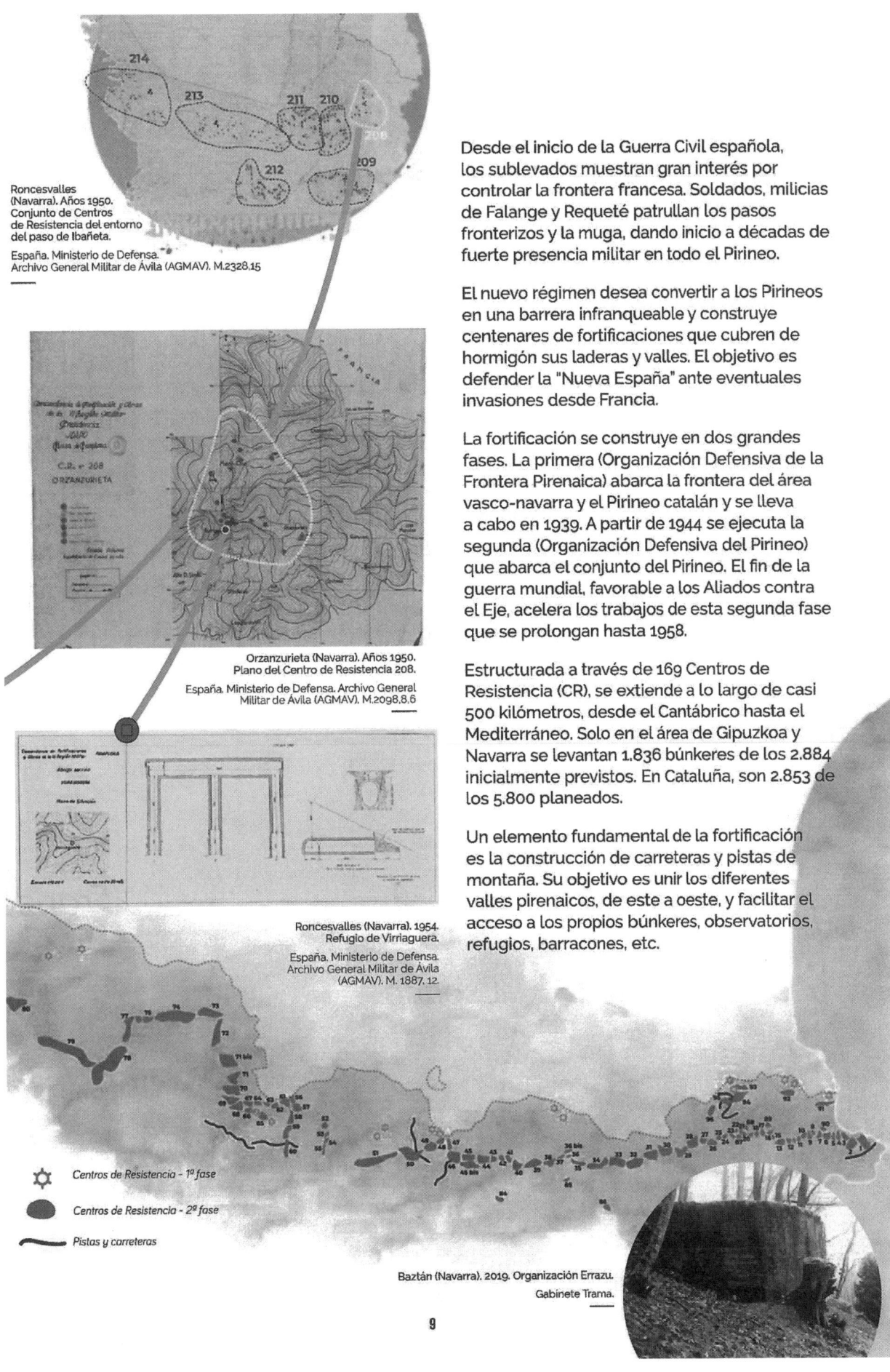

Roncesvalles
(Navarra). Años 1950.
Conjunto de Centros
de Resistencia del entorno
del paso de Ibañeta.

España. Ministerio de Defensa.
Archivo General Militar de Ávila (AGMAV). M.2328.15

Orzanzurieta (Navarra). Años 1950.
Plano del Centro de Resistencia 208.

España. Ministerio de Defensa. Archivo General
Militar de Ávila (AGMAV). M.2098,8,6

Roncesvalles (Navarra). 1954.
Refugio de Virriaguera.

España. Ministerio de Defensa.
Archivo General Militar de Ávila
(AGMAV). M. 1887, 12.

Centros de Resistencia - 1ª fase

Centros de Resistencia - 2ª fase

Pistas y carreteras

Baztán (Navarra). 2019. Organización Errazu.

Gabinete Trama.

Desde el inicio de la Guerra Civil española, los sublevados muestran gran interés por controlar la frontera francesa. Soldados, milicias de Falange y Requeté patrullan los pasos fronterizos y la muga, dando inicio a décadas de fuerte presencia militar en todo el Pirineo.

El nuevo régimen desea convertir a los Pirineos en una barrera infranqueable y construye centenares de fortificaciones que cubren de hormigón sus laderas y valles. El objetivo es defender la "Nueva España" ante eventuales invasiones desde Francia.

La fortificación se construye en dos grandes fases. La primera (Organización Defensiva de la Frontera Pirenaica) abarca la frontera del área vasco-navarra y el Pirineo catalán y se lleva a cabo en 1939. A partir de 1944 se ejecuta la segunda (Organización Defensiva del Pirineo) que abarca el conjunto del Pirineo. El fin de la guerra mundial, favorable a los Aliados contra el Eje, acelera los trabajos de esta segunda fase que se prolongan hasta 1958.

Estructurada a través de 169 Centros de Resistencia (CR), se extiende a lo largo de casi 500 kilómetros, desde el Cantábrico hasta el Mediterráneo. Solo en el área de Gipuzkoa y Navarra se levantan 1.836 búnkeres de los 2.884 inicialmente previstos. En Cataluña, son 2.853 de los 5.800 planeados.

Un elemento fundamental de la fortificación es la construcción de carreteras y pistas de montaña. Su objetivo es unir los diferentes valles pirenaicos, de este a oeste, y facilitar el acceso a los propios búnkeres, observatorios, refugios, barracones, etc.

9

Folleto Fronteras de Hormigón (https://fronterasdehormigon.com).

¿Quiénes construyen LAS FORTIFICACIONES DE LOS PIRINEOS?

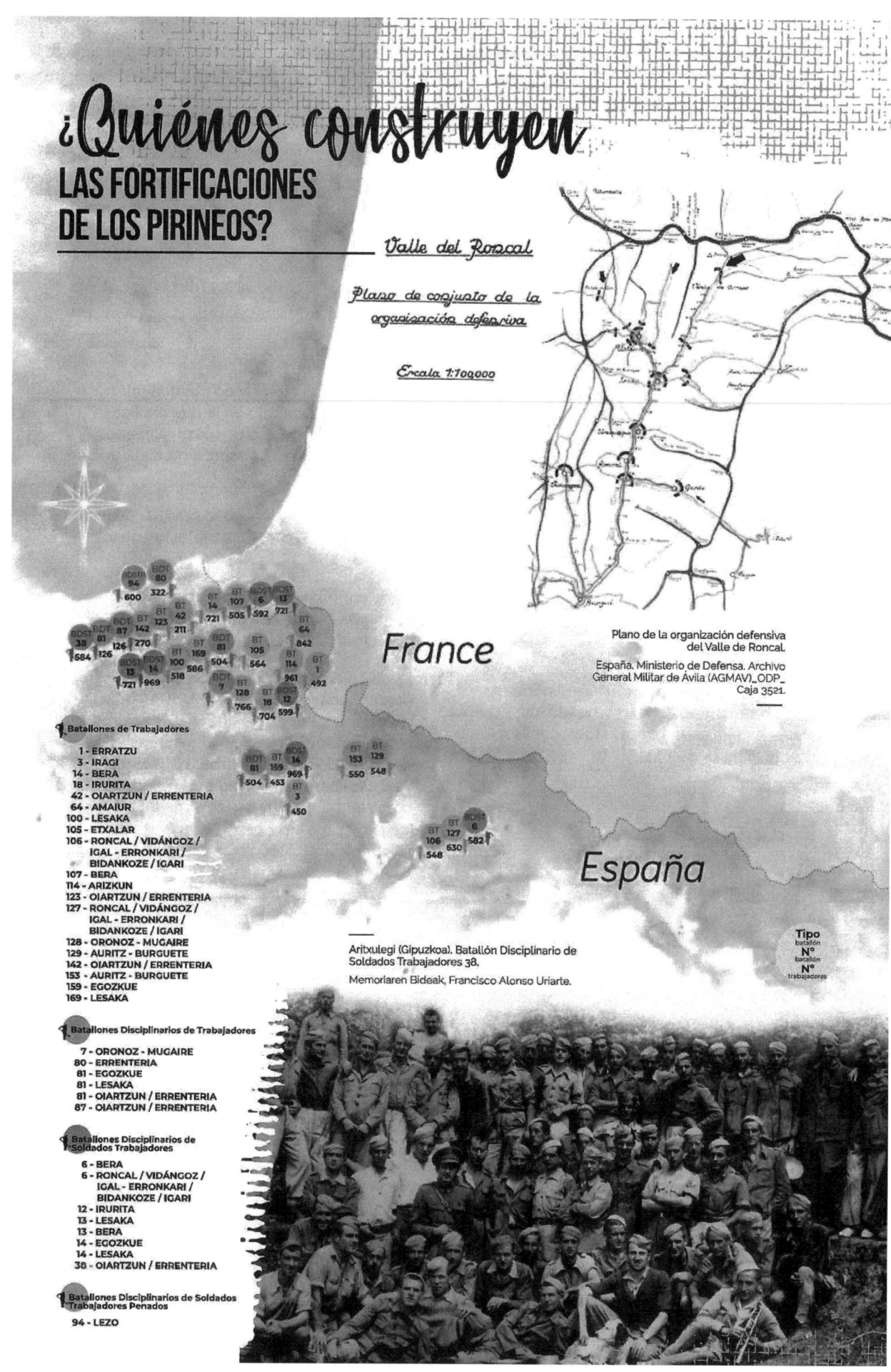

Valle del Roncal

Plano de conjunto de la organización defensiva

Escala 1:100.000

Plano de la organización defensiva
del Valle de Roncal.

España. Ministerio de Defensa. Archivo
General Militar de Ávila (AGMAV)_ODP_
Caja 3521.

France

España

Batallones de Trabajadores

1 - ERRATZU
3 - IRAGI
14 - BERA
18 - IRURITA
42 - OIARTZUN / ERRENTERIA
64 - AMAIUR
100 - LESAKA
105 - ETXALAR
106 - RONCAL / VIDÁNGOZ /
   IGAL - ERRONKARI /
   BIDANKOZE / IGARI
107 - BERA
114 - ARIZKUN
123 - OIARTZUN / ERRENTERIA
127 - RONCAL / VIDÁNGOZ /
   IGAL - ERRONKARI /
   BIDANKOZE / IGARI
128 - ORONOZ - MUGAIRE
129 - AURITZ - BURGUETE
142 - OIARTZUN / ERRENTERIA
153 - AURITZ - BURGUETE
159 - EGOZKUE
169 - LESAKA

Batallones Disciplinarios de Trabajadores

7 - ORONOZ - MUGAIRE
80 - ERRENTERIA
81 - EGOZKUE
81 - LESAKA
81 - OIARTZUN / ERRENTERIA
87 - OIARTZUN / ERRENTERIA

Batallones Disciplinarios de Soldados Trabajadores

6 - BERA
6 - RONCAL / VIDÁNGOZ /
   IGAL - ERRONKARI /
   BIDANKOZE / IGARI
12 - IRURITA
13 - LESAKA
13 - BERA
14 - EGOZKUE
14 - LESAKA
38 - OIARTZUN / ERRENTERIA

Batallones Disciplinarios de Soldados Trabajadores Penados

94 - LEZO

Aritxulegi (Gipuzkoa). Batallón Disciplinario de
Soldados Trabajadores 38.

Memoriaren Bideak, Francisco Alonso Uriarte.

Tipo
batallón
Nº
batallón
Nº
trabajadores

Folleto Fronteras de Hormigón (https://fronterasdehormigon.com).

24

El Pirineo es fortificado con diversos tipos de mano de obra forzada, bien en batallones dependientes del sistema concentracionario, en el marco de la represión política de los vencidos, bien en unidades militares compuestas por soldados de leva que tienen que soportar un largo servicio militar.

Finalizada la guerra, el Pirineo es el destino de varios batallones de trabajo forzado dependientes de la Inspección de Campos de Concentración. Durante 1939, están formados principalmente por prisioneros de guerra que han sido clasificados ideológicamente en campos de concentración como "desafectos" al llamado "Glorioso Movimiento Nacional". Son categorizados así incluso si, simplemente, su simpatía por el régimen es dudosa.

Estos batallones se reorganizan en 1940 con jóvenes combatientes republicanos obligados a realizar el servicio militar de nuevo (sin considerar el realizado con la República durante la guerra) o con nuevos reclutas incorporados al sistema concentracionario tras ser clasificados como "desafectos". En el Pirineo vasco-navarro trabajan en estos batallones, al menos, 20.000 cautivos entre 1939 y 1942.

Por otro lado, está sin confirmar todavía el número de soldados de reemplazo que trabajan en las fortificaciones, si bien sabemos que fueron miles, especialmente, a partir de 1943.

Memoriaren Bideak, Ángel Santesteban.
———

En noviembre de 1938, Franco plantea una propuesta de reglamento en la que explica la triple finalidad del trabajo de los prisioneros, además de la "utilidad material inmediata que se deriva de su realización":

1ª "La de compensación, en lo posible, de la carga originada por la sustentación de los prisioneros.

2ª La de contribuir directa o indirectamente a la reparación de los daños y destrozos perpetrados por las hordas marxistas.

3ª La de conseguir la corrección del prisionero, proporcionándole medios y ocasión de demostrar (...) su grado de rehabilitación moral, patriótica y social, adquiriendo el hábito de profunda disciplina, pronta obediencia y acatamiento al principio de Autoridad, precisamente y muy especialmente en el trabajo, como base previa e indispensable de su adaptación al medio ambiente social de la Nueva España."

Reglamento provisional para el régimen interior de los Batallones de Trabajadores. 23 de diciembre de 1938.

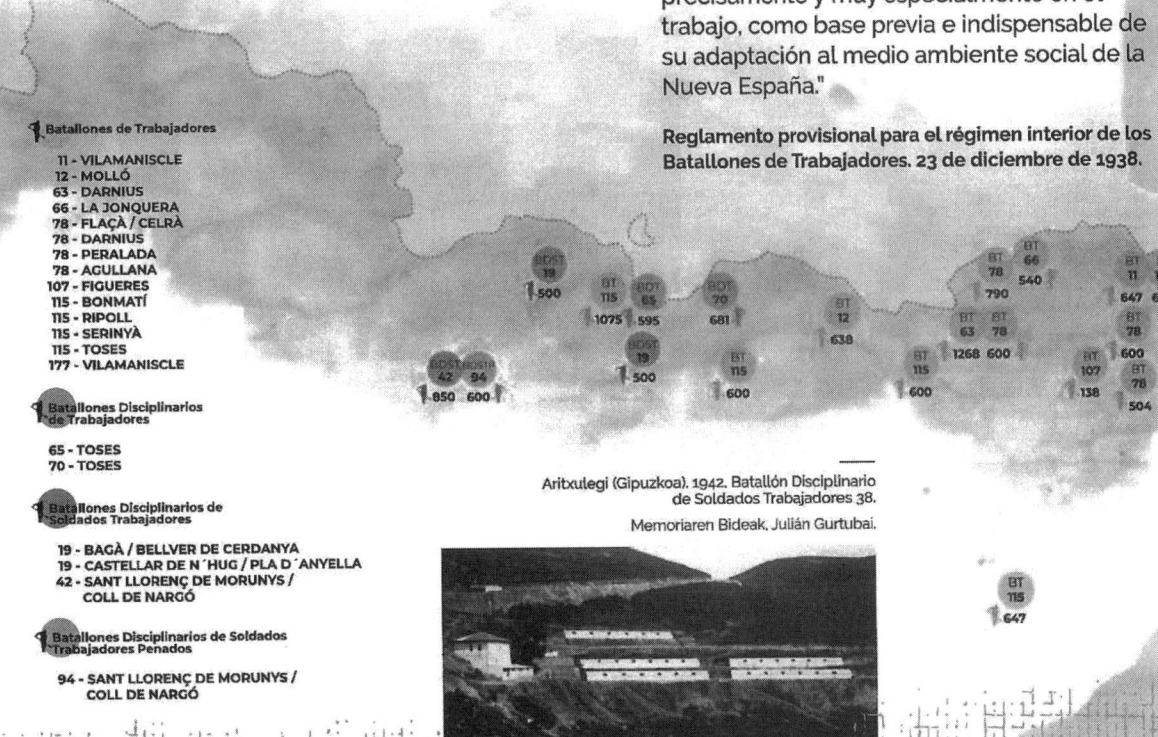

Batallones de Trabajadores

11 - VILAMANISCLE
12 - MOLLÓ
63 - DARNIUS
66 - LA JONQUERA
78 - FLAÇÀ / CELRÀ
78 - DARNIUS
78 - PERALADA
78 - AGULLANA
107 - FIGUERES
115 - BONMATÍ
115 - RIPOLL
115 - SERINYÀ
115 - TOSES
177 - VILAMANISCLE

Batallones Disciplinarios de Trabajadores

65 - TOSES
70 - TOSES

Batallones Disciplinarios de Soldados Trabajadores

19 - BAGÀ / BELLVER DE CERDANYA
19 - CASTELLAR DE N´HUG / PLA D´ANYELLA
42 - SANT LLORENÇ DE MORUNYS / COLL DE NARGÓ

Batallones Disciplinarios de Soldados Trabajadores Penados

94 - SANT LLORENÇ DE MORUNYS / COLL DE NARGÓ

Aritxulegi (Gipuzkoa), 1942. Batallón Disciplinario de Soldados Trabajadores 38.

Memoriaren Bideak, Julián Gurtubai.

Folleto Fronteras de Hormigón (https://fronterasdehormigon.com).

AYUNTAMIENTO
DE
ABANTO y CIÉRVANA
VIZCAYA

N.º 996

De los informes facilitados por la Guardia municipal, resulta:

Que ELADIO HERNANDEZ SANCHEZ observó buena conducta como ciudadano anteriormente al Glorioso Alzamiento Nacional. Durante este fué voluntario al ejército rojo. Sus ideas eran comunistas. Y no se conoce cometiera hecho alguno delictivo.

Lo que tengo el honor de participar a V.S. para su conocimiento y como contestación a su oficio nº 2267, de fecha 31 de mayo último.

Dios guarde a V.S. muchos años.
Abanto y Ciérvana, 5 de junio 1.941.
El Alcalde,

Sr. Primer Jefe del Batallón de Trabajadores, nº 38,

Güesa (Navarra).

Informes de conducta. Informe hecho en el Ayuntamiento de Zierbena (Bizkaia) sobre el prisionero Eladio Hernández Sánchez (Fuente: Archivo Militar de Guadalajara).

18-12-99 Rota (Cadiz)

3229 N.E

SALUDO A FRANCO

¡ARRIBA ESPAÑA!

FALANGE ESPAÑOLA   TRADICIONALISTA

Y DE LAS J. O. N. S.

10 4 B.T. Jimena de la Frontera

SERVICIO NACIONAL
DE INFORMACION E INVESTIGACION

DELEGACION PROVINCIAL
DE GUIPUZCOA

N.º PRISIONEROS

Habiendose presentado hojas
de garantia a favor de ROSENDO I-
TURMENDI BUSTO que se encuentra
a disposicion de su digna Autoridad, transcribimos la informacion
que del mismo obra en nuestros fi-
cheros.

Estuvo afiliado al Partido
Nacionalista Vasco.
Durante el dominio rojo actuó en el Comisariado del Frente
Popular.
Actuó tambien con armas en
contra del G.M.marchandose a la
entrada de las Tropas con direc-
cion a Bilbao,siguiendo hasta Barcelona.
Propagandista de los parti-
dos del F.P,
Por Dios,España y su Revolu-
cion Nacional Sindicalista. San
Sebastian 10 Diciembre 1939 Año de
la Victoria

EL DELEGADO PROVINCIAL

ILLMO SR PRESIDENTE DE LA COMISION CLASIFICADORA
DEL CAMPO DE CONCENTRACION DE

MIRANDA DE EBRO

Informes de conducta. Informe de FET y de las JONS sobre Rosendo Iturmendi
(Fuente: Archivo Militar de Guadalajara).

FALANGE ESPAÑOLA TRADICIONALISTA

y de las J. O. N. S.

JEFATURA LOCAL

DE

GALERA

Núm.............................

SANTIAGO SANCHEZ HERAS,JEFE LOCAL DE FALANGE ESPAÑOLA
TRADICIONALISTA Y DE LAS J.O.N.S.

    I N F O R M A: Que practicadas las oportunas
indagaciones para saber los antecedentes del
vecino DOMINGO MARTINEZ DOMINGO,tengo que mani-
festar que este individuo en todo tiempo observó buena conducta,habiendo permanecido alejado
de todas las propagandas y excesos cometidos
por los rojos durante el dominio de esta localidad por las hordas marxistas. Se incorporó al
Ejercito cuando fue llamada su quinta.

Y para que conste y surta sus efectos donde convenga al
interesado,expido el presente en Galera a veinticinco
de Febrero de 1,941

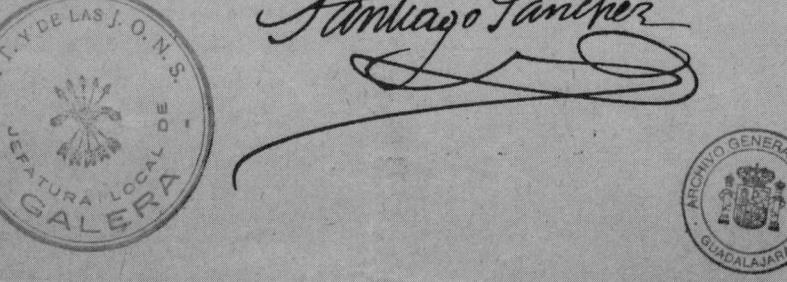

Informes de conducta. Informe de FET y de las JONS de Galera (Granada) sobre Domingo Martínez Domingo
(Fuente: Archivo Militar de Guadalajara).

Caja de Recluta de *Granada* **núm.** *23*

El mozo *Domingo Martínez Domingo* natural de *Galera* provincia de *Granada* del reemplazo del año 19*37* ha sido incluído en el Ayuntamiento de *Galera* en la rectificación del alistamiento verificado con arreglo a lo dispuesto en la Orden de 20 de Diciembre de 1939 (D. O. núm. 68).

Don *José Mª Cánovas Casanova* Comandante de Infantería, Jefe de la Caja de Recluta de *Granada*

CERTIFICO: *Que la Junta de Clasificación y Revisión de la misma, en vista de los antecedentes del mozo citado en relación con el Glorioso Movimiento Nacional, lo ha conceptuado como* **desafecto**

Granada *8* de *Julio* de 194*0*

El Comandante Jefe,

José Mª Cánovas

Informes de conducta. Informe de FET y de las JONS de Galera (Granada) sobre Domingo Martínez Domingo (Fuente: Archivo Militar de Guadalajara).

Rgtr Nº 2

26 FEB 1941

Archivo

SUBINSPECCIÓN
DE
BATALLONES DISCIPLINARIOS

6.ª REGIÓN

SAN SEBASTIAN

Sec. 5ª.

N.º 14

RESERVADO

a la Región
26-2-1941
El Subinspector
de Bones Trabaja-
dores de Sebastian
en esta Reg...
...me da
cuenta de que
día 21 de actual
...y que respon-
...Disciplinario nº 13
Lesaca, le ...
Lo comunico a V.E. para su superior cono-
cimiento

fecho 26-2-41

Excmo. Señor:

Tengo el honor de poner en el conocimiento de V.E. que según me comunica
el Jefe del Batallón Disciplinario de
Soldados Trabajadores nº 13, en Lesaca,
(Navarra), el día 21 de los corrientes
a las 19 horas y 15 minutos y en ocasión
de hallarse recogiendo leña en un monte
próximo al Campamento, intentó evadirse
el soldado-trabajador del mismo DOROTEO
SERRANO LÁZARO, notándolo el soldado de
escolta José Gilabert Pons, el que en
vista de que no contestaba ni hacía ade-
mán de detenerse a las repetidas voces
de alto, dadas por el mismo, hizo uso de
su arma, resultando muerto el referido
soldado-trabajador. Asimismo me comunica
que ha nombrado Juez Instructor para ins-
truir el oportuno expediente el Teniente
del mencionado Batallón DON JULIO CAFRAN-
GA IZAGUIRRE.
Dios guarde a V.E. muchos años.
San Sebastián 24 Febrero de 1.941.
EL TNTE. CORONEL SUBINSPECTOR

EXCMO. SR. GENERAL JEFE DE LA JUNTA DE DEFENSA Y ARMAMENTO DE
LOS PIRINEOS OCCIDENTALES.   P A M P L O N A

Informe sobre fugas y muertes. Informe de la Subinspección de Batallones Disciplinarios en que da noticia de un intento de fuga del prisionero Doroteo Serrano Lázaro (Fuente: Archivo General Militar de Guadalajara).

Acto cívico de homenaje a Cecilio Gallego García

Exhumación de los restos de Cecilio Gallego, el día 12-10-2009, en Roncal

Prisionero antifranquista natural de Don Benito, asesinado el 23 de octubre de 1939 cuando intentaba escapar de un batallón de trabajos forzados en Roncal (Navarra)

Intervendrán:

Familiares de Cecilio Gallego
Sociedad de Ciencias Aranzadi
Asociación para la Recuperación de Memoria Histórica de Extremadura (ARMHEX)
Asociación Memoriaren Bideak/Los caminos de la memoria (Navarra)

Día:
20 de febrero de 2010

Hora:
12:00

Lugar:
Salón de actos de FEVAL
Avenida Badajoz, s/n
Don Benito (Badajoz)

Organizan:

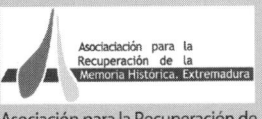

Asociación para la Recuperación de
Memoria Histórica de Extremadura
(ARMHEX)

Diseño: Visualiza.info · Foto: Jacinto Gómez/ Visualiza.info. Licencia: Creative Commons Atribución-Compartir Bajo la Misma Licencia

Cartel sobre el homenaje que se hizo a Cecilio Gallego en su localidad natal, Don Benito (Badajoz), en el año 2010.

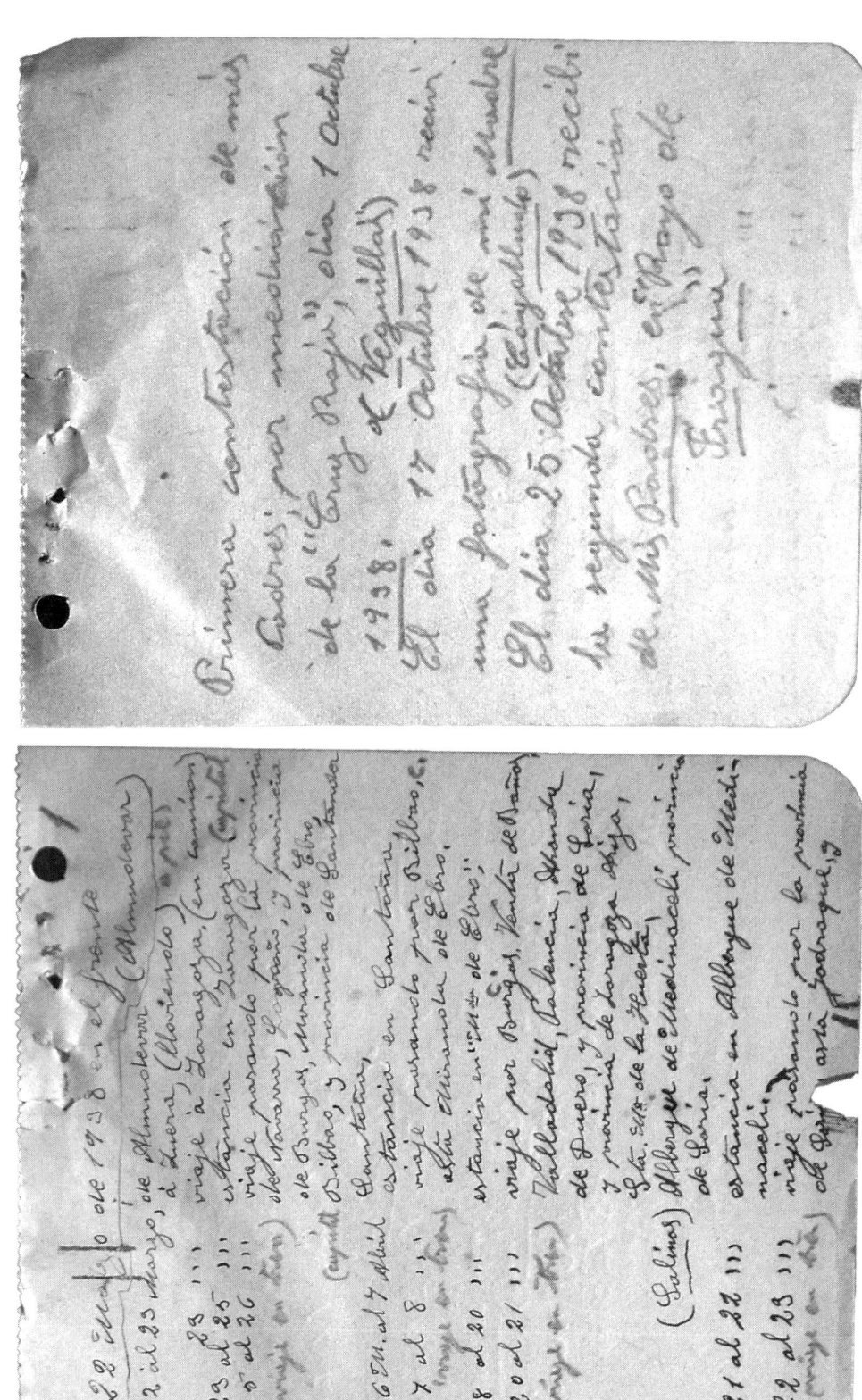

Libreta del prisionero Joan Cabestany. Foto de una libreta donde el prisionero de Barcelona Joan Cabestany, del Batallón 127 en Roncal fue apuntando los sitios en los que estuvo antes de llegar al valle de Roncal (Fuente: Archivo de la asociación Memoriaren Bideak).

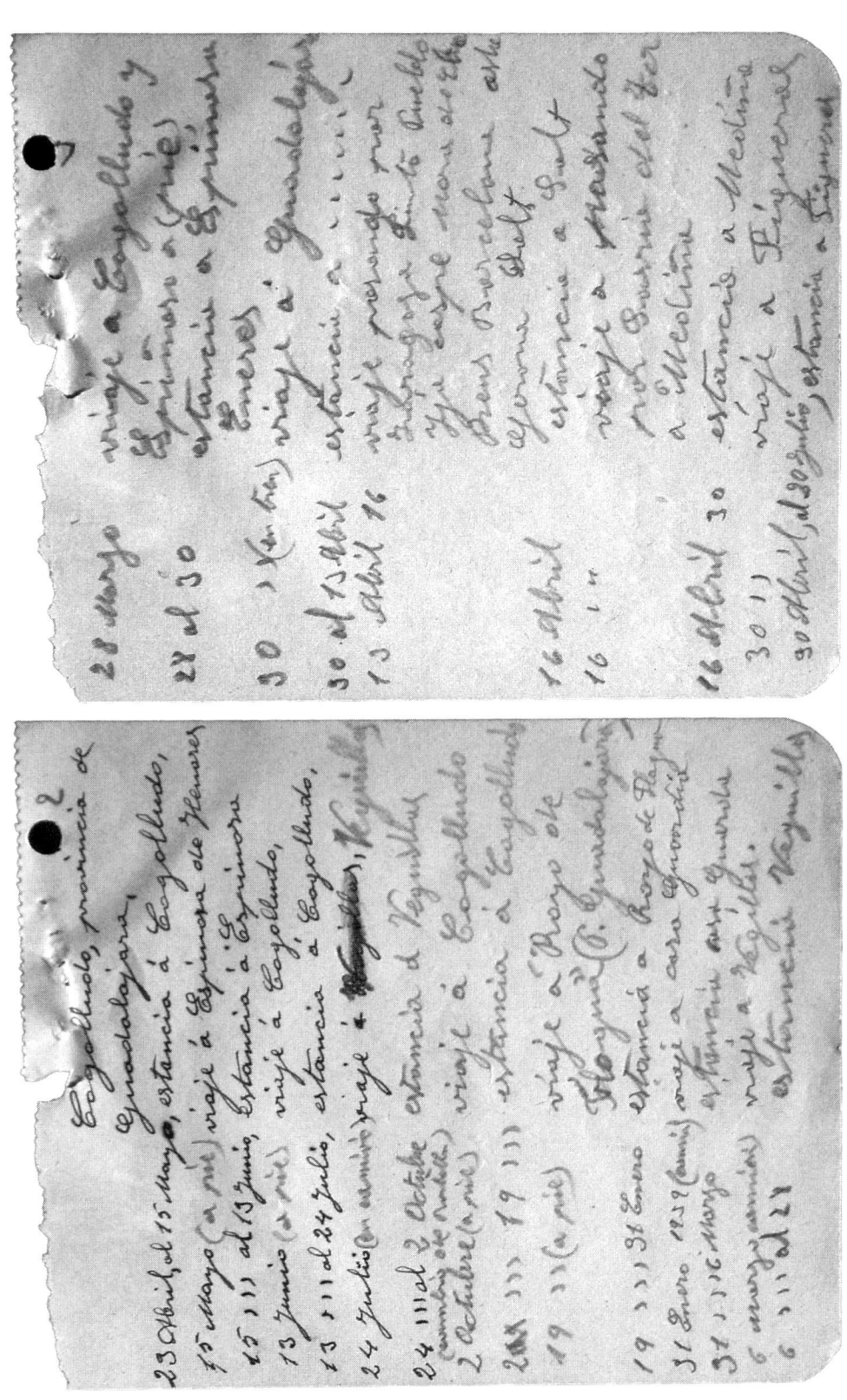

Libreta del prisionero Joan Cabestany. Foto de una libreta donde el prisionero de Barcelona Joan Cabestany, del Batallón 127 en Roncal fue apuntando los sitios en los que estuvo antes de llegar al valle de Roncal (Fuente: Archivo de la asociación Memoriaren Bideak).

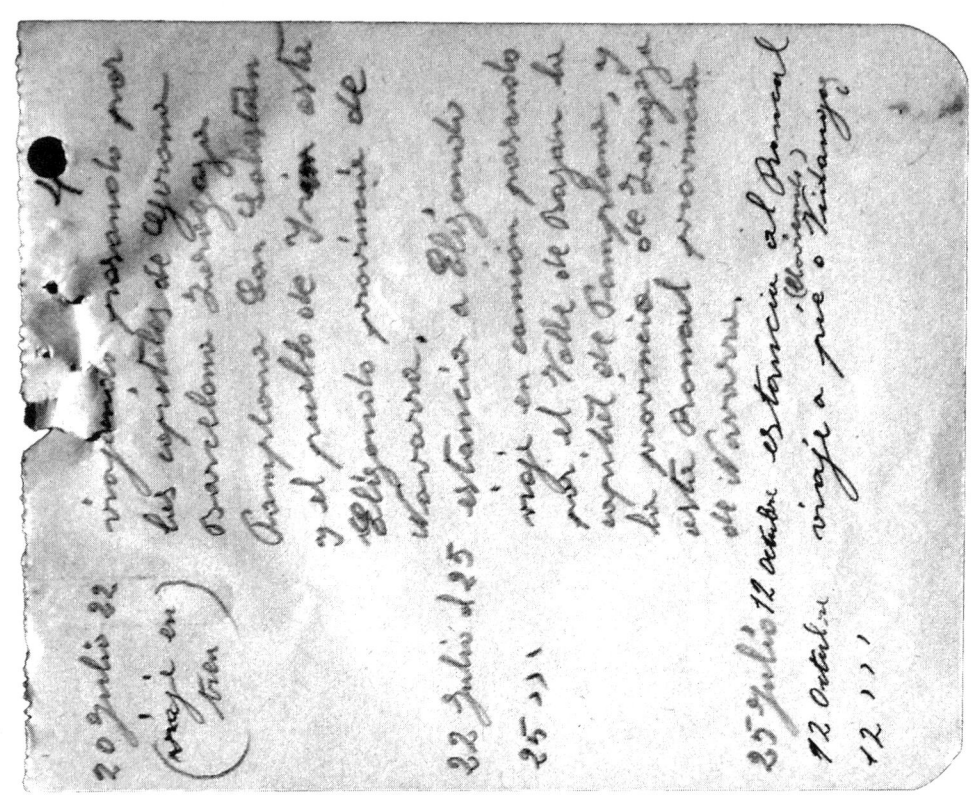

Libreta del prisionero Joan Cabestany. Foto de una libreta donde el prisionero de Barcelona Joan Cabestany, del Batallón 127 en Roncal fue apuntando los sitios en los que estuvo antes de llegar al valle de Roncal (Fuente: Archivo de la asociación Memoriaren Bideak).

Fotos de barracones. Foto del prisionero vizcaíno Manolo Santamaría junto a un barracón de Igal (foto cedida por su hijo Xabier Santamaría-Amurrio). Foto de barracón en Lesaka (cedida por el prisionero Angel Santesteban, prisionero en el BDST 14, en Lesaka).

Testimonios de prisioneros

Testimonios de prisioneros sobre la experiencia en los batallones de trabajo forzado. Testimonios sobre el hambre y el frío que pasaban; sobre cómo eran los barracones en los que vivían; sobre el trabajo que tenían que hacer (fortificar, picar carreteras...); los castigos; y la corrupción en el batallón. Fuente: Archivo oral de la asociación Memoriaren Bideak.

«En Rota ya organizaron los batallones y nos mandan al norte a fortificar, desafecto, y en varias coplas cantábamos eso, mandados al norte a fortificar».
Antonio Viedma, Galera (Granada), prisionero en el batallón BDST6 en Igal y en Bera[1].

«Los barracones están hechos, una pared de piedra, con tablones de madera, con ranuras para meter tablas, hicieron dos pisos para dormir, y arriba pusieron chapa, pero cuando ya nevó aquello, pues nevaba y el aire nos metía la nieve entre las mantas, y así aguantabas, debajo de las mantas, con la cabeza debajo, y respirar como los gorriones, para tomar calor».
«Picar la carretera. Unos picaban la piedra, otros con la pala sacar la tierra y otros con un carretón llevarla a la orilla, algunos días echaban perrea, y el que no terminaba la tarea le hacían ir de noche con un centinela apuntándole, para que la terminara».
Andrés Millán, Huéscar (Granada), prisionero en el batallón BDST 6 en Igal (posteriormente en Bera).

«Y a la caldera no iban más que los huesos. Y el que pillara un hueso de aquello era, era, no habían huesos pa todos. Se dio el caso de uno roer un hueso, y otro ir a buscarlo... y despúes tirarlo e ir otro y seguir royendo, porque había mucha hambre».
«Y luego, a los 6 ó 7 meses pues ya nos echaron al Bidasoa, a Bera de Bidasoa, un pueblacho grande que allí había una fábrica de martillos... y allí también estuvimos pues haciendo carreteras, en la misma trinchera!... Y allí, pues allí ya lo pasamos algo mejor».
Antonio Viedma, Galera (Granada), prisionero en el batallón BDST6 en Igal y en Bera.

«Pegarnos trabajando sí, porque como los escoltas que teníamos la mayoría eran analfabetos, que no tenían conocimiento de ninguna clase, pues les decían:"en cuanto estén parados, ¡atizarles, atizarles!"(...)».
«Cuando teníamos descuidos, allí había como en todas partes, gente célebre, y nos poníamos a resguardo y el uno contaba una cosa, el otro echaba chistes, pero en cuanto sentíamos ¡aire! ¡Todo el mundo al pico!».
Domingo Martínez, Galera (Granada), prisionero en el batallón BDST 6 en Igal y Bera.

«Aquella carretera iba partiendo la frontera, y allí levantamos un muro que de fondo a abajo llevaba 6 metros, no vayas a pensar que no metimos cemento y peñones!».
«Aquello no era un puesto de ametralladoras ni nada de eso, era como un puesto de observación, para si te pasabas o no te pasabas. Por eso había que tener cuidau con pasarte, que se pasaban muchos a cambiar lo que tenían o a comprar. Comprarlo allá en Francia para volver aquella noche también. Otros para estraperlo, compraban allí y vendían al otro lado tabaco. Nosotros lo que más teníamos era tabaco, allí en Francia tenían papel y otras cosas».
«Estábamos trabajando en la misma frontera. Cuando llovía había una cantina, la mitad en Francia y la otra mitad de España. Así que si querías tomar un vino en Francia, te ponías en un lado; si querías tomarlo en España, pues te ponías al otro!».
Domingo Martínez, Galera (Granada), prisionero en el batallón BDST 6 en Bera (anteriormente en Igal).

«Y allí te echaban al pelotón de castigo. Yo estuve nueve días en el pelotón de castigo, y allí llevábamos una piedra, que pesaba unos doce kilos, o por ahí, y nos la ataban con unos alambres, aquí al cuello, que dolía luego aquello, ¡en la rabadilla! ¡En el hueso del espinazo! ¡no te dolía aquello! Pués así estuve yo nueve días, en el pelotón de castigo que llamaban».
Luis Cano, Alcalá la Real (Jaén), prisionero en el batallón BDST 6 en Igal y Bera.

«De Guadalajara nos marchamos a la parte de Elizondo, a Maya-Baztán, que luego estaba Otsondo, el puerto que va para Francia, ahí estuvimos haciendo fortines de hormigón, enfrente de donde termina lo que es España-Francia, allí hicimos fortines de hormigón que se pasaban subterráneos de un sitio a otro, y haciendo pistas también ahí estuvimos mucho tiempo».
«Los escoltas se prestaban voluntarios para pegar. A uno le abrieron la cabeza, pero a palo limpio, aquello era espantoso. Ibas a por el rancho y tenías que darle la cara al cabo, que estaba allí plantado. Si no lo hacías, ya estaba el palo! Así estaban constantemente».
Basilio Hérraez, Putxeta (Bizkaia), prisionero en el batallón BDST 14 en Lesaka.

«Si llovía mucho o hacía mucho frío nos metían a pelar patatas para la cocina y allá aprovechabas porque tenías tanta hambre que comías las patatas como estaban, les quitabas las peladuras y las comías así!
El campamento que teníamos eran unos barracones... ellos que estaban con estufa y nosotros con frío, sufrías una barbaridad!».
Angel Santesteban (Bizkaia), prisionero en el batallón BDST 14 en Lesaka.

---

1 El BDST 6 de Igal fue trasladado a Bera en junio de 1941 (Mendiola y Beaumont, 2006).

«Me acuerdo de una noche que quise salir a orinar y le pedí permiso al centinela ¡y me dió un ostiazo que me echó al suelo! Y otro pidió permiso para lo mismo y lo dejaron tumbado en el suelo, ¡no quiero ni recordar, le aplicaron la ley de fugas y ¡todavía le dieron permiso al cabo por hacerlo!».
Jose María Dapena, Pontevedra (Galicia), prisionero en el batallón BDST 38 en Vidángoz.

«Fueron dos años insoportables, trabajábamos haciendo carreteras. La comida era escasísima y malísima. Las lentejas, las judías, los garbanzos y las patatas tenían gusanos. Los domingos, cuando nos obligaban a ir a misa, nos escoltaban hasta el pueblo de Lesaka. En las aceras se ponían las gentes del pueblo (...), nosotros nos apañamos para darles las cartas y que las echaran al correo, sin que pasaran por la censura, nos daban manzanas y lo poco que tenían».
Jesús López (provincia de Toledo), prisionero en el batallón BDST 14 en Lesaka.

«Encerrados allí, dormir, por la mañana levantarnos, llevarnos al río a lavarnos, darnos un poco de café negro y luego a la carretera, a trabajar. Unos picábamos tierra, y paleando y haciendo canal de carretera (...)».
José García Faya, Mieres (Asturias), prisionero en el batallón BBTT 106 en Roncal.

«Pasamos mucha hambre porque el alférez y el cabo (los muy sinvergüenzas) vendían la comida que era para el batallón, aceite, garbanzos, todo lo que podían. Hacían estraperlo ¡¡con nuestra comida!! La que se supone que era para los presos de los campos, y a nosotros no nos quedaba qué comer».
José Barajas, de Jaén, prisionero en el batallón BDST 6 en Igal y en Bera.

«Al día siguiente nos mandaron para los batallones a los que estábamos destinados. Creo que el Batallón de Trabajadores era el 27, valle del Roncal, el último pueblo fronterizo con Francia, en donde se hacían unos senderos por la montaña. Desde el inmediato hasta el mismo pueblo fuimos a pie, la frase más impresionante que he oído fue preguntarle un niño a su madre si nosotros éramos "los rojos", a lo que le contestó la madre que sí, y él dijo: "pues no tienen cuernos ni cola"».
Adenso Dapena, de Pontevedra, prisionero en el batallón BBTT 127 en Roncal.

«Te veías rebajado, te veías, no sé, que por una cosa o por otra, te querían eliminar, o por hambre o trabajando, a ver si se te bajaba la moral o perdías la dignidad (...). Yo por lo menos no, y como yo, muchos; en los ratos que nos juntábamos nos dábamos moral y no nos dejamos caer».
Felix Padín, de Bilbao, prisionero en el batallón BDST 38 en Vidángoz.

Testimonios de gente de los pueblos

Testimonios de la población local sobre el impacto de los batallones de trabajos forzados en los pueblos. Testimonios de gente de Igal, Vidángoz y Roncal. Fuente: Archivo oral de la asociación Memoriaren Bideak Los Caminos de la Memoria.

«Aquí estaban los oficiales, comían, ¡armaban cada bronca! Nos ocuparon media casa, y no creas que era por nuestro capricho; en aquella época a esa gente le tenías que hacer el saludo, y ¡a callar!».
Fortunato Jaúregi, Igal.

«Hacían lo que querían (refiriéndose a los oficiales), ¡nadie les decía nada!... Nosotros en la cocina, ellos en la habitación, y siempre para arriba y para abajo, ¡era un incordio! Osea, que no mandabas ni en lo tuyo».
María Jaúregi, Igal.

«Nos llenaron de sarna (...) estuvimos una cuadrilla de años con la sarna, ¡y no se quitaba comoquiera!».
Florencio Moso, Igal.

«Después mataron a uno también al ladico de casa, y el padre y la madre, "no salgáis", la sangre bajaba por la calles»[2].
Marcelino Pasquel, Vidángoz.

«Solíamos matar tres cerdos en casa; entonces echábamos al caldero grande que decíamos, unas pocas berzas, una remolacha y encima una cesta de patatas, para los cerdos, cocidas! Entonces tenían tanto hambre los trabajadores, que las pelaban y nos comían las patatas! Y el padre decía: "¡dejarles que las coman!", y dejábamos que se las comiesen».
Atanasia, de Casa Castillo, Vidángoz.

«Nos hicieron salir de la escuela, porque al acabar la guerra vinieron aquí los trabajadores, los prisioneros de guerra, y emplearon como cuartel las escuelas, y también usaron unos barracones que hoy en día se usan como establos (...), y a nosotros nos sacaron de la escuela del pueblo y nos llevaron, a las chicas a una casa del pueblo a los chicos a otra».
Inés Zazu, Roncal.

2 Hace referencia al asesinato de José Martín Ramón, natural de Gandía, que fue asesinado a las 24 horas del día 19 de noviembre de 1939, a la edad de 17 años, siendo la causa de su muerte «disparo de arma de fuego» (Archivo Municipal de Vidángoz, Registro Civil).

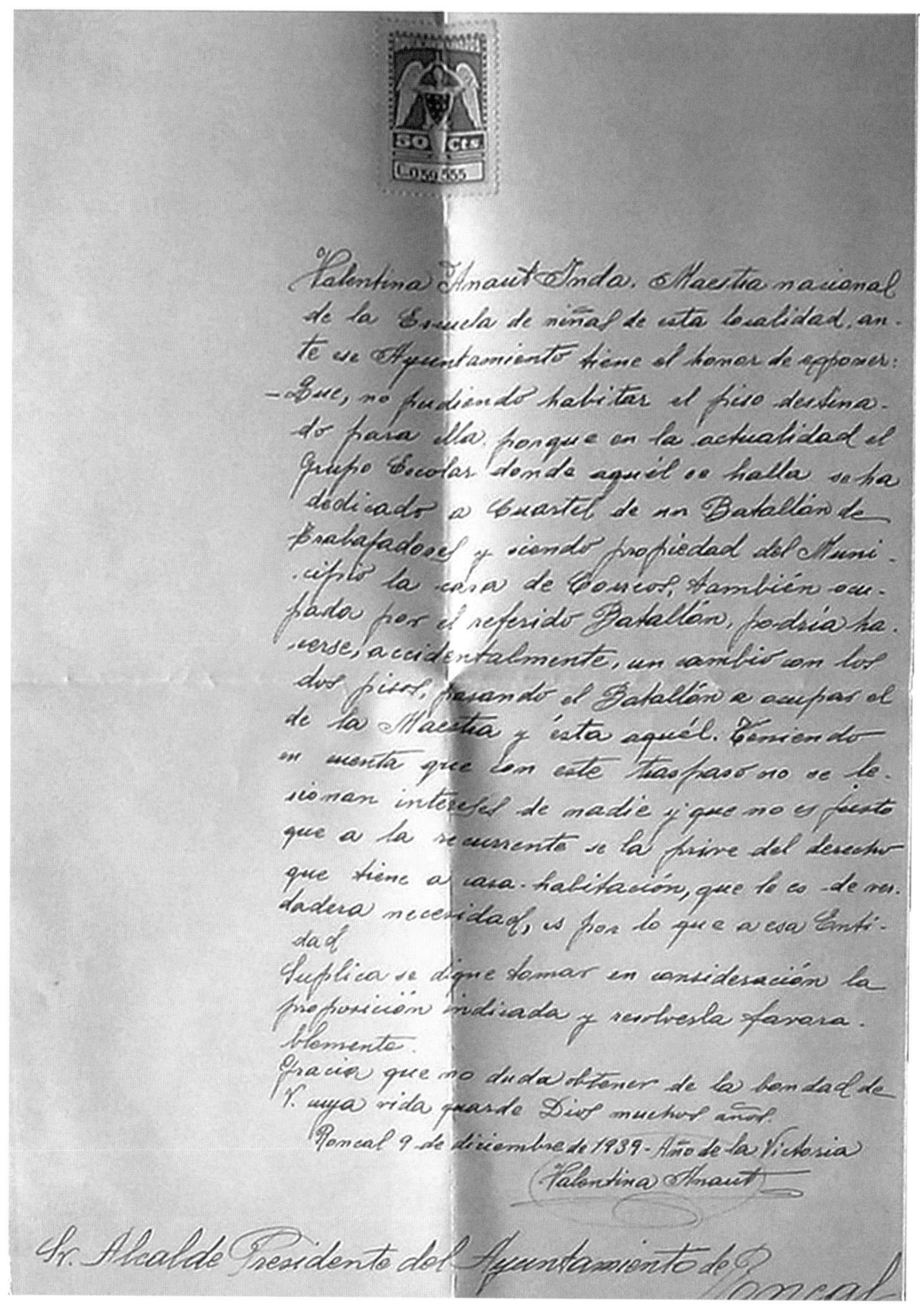

Valentina Anaut Inda, Maestra nacional de la Escuela de niñas de esta localidad, ante ese Ayuntamiento tiene el honor de exponer:

―Que, no pudiendo habitar el piso destinado para ella, porque en la actualidad el Grupo Escolar donde aquél se halla se ha dedicado a Cuartel de un Batallón de Trabajadores y siendo propiedad del Municipio la casa de Correos, también ocupada por el referido Batallón, podría hacerse, accidentalmente, un cambio en los dos pisos, pasando el Batallón a ocupar el de la Maestra y ésta aquél. Teniendo en cuenta que con este traspaso no se lesionan intereses de nadie y que no es justo que a la recurrente se la prive del derecho que tiene a casa-habitación, que le es ―de verdadera necesidad, es por lo que a esa Entidad

Suplica se digne tomar en consideración la proposición indicada y resolverla favorablemente.

Gracia que no duda obtener de la bondad de V. cuya vida guarde Dios muchos años.

Roncal 9 de diciembre de 1939 ―Año de la Victoria

Valentina Anaut

Sr. Alcalde Presidente del Ayuntamiento de Roncal

Documento sobre el impacto de los batallones de trabajo forzado en los pueblos.
Carta de la maestra de la escuela de niñas de Roncal, Valentina Anaut Inda
(Fuente: Archivo Municipal de Roncal).

«Valentina Anaut Inda. Maestra nacional de la Escuela de niñas de esta localidad, ante ese Ayuntamiento tiene el honor de exponer: que, no pudiendo habitar el piso destinado para ella porque en la actualidad el grupo escolar donde aquél se halla se ha dedicado a Cuartel de un Batallón de Trabajadores y siendo propiedad del Municipio la casa de Correos, también ocupada por referido Batallón podría hacerse, accidentalmente, un cambio con los dos pisos, pasando el Batallón a ocupar el de la Maestra y ésta aquél. Teniendo en cuenta que con este traspaso no se lesionan intereses de nadie y que no es justo que a la recurrente se la prive del derecho que tiene a la casa habitación, que lo es de verdadera necesidad, es por lo que a esa Entidad suplica se digne tomar en consideración la proposición indicada y resolverla favorablemente. Gracia que no duda obtener de la bondad de V. cuya vida guarde Dios muchos años.

Roncal 9 de diciembre de 1939. Año de la Victoria.

Valentina Anaut».

Documento sobre el impacto de los batallones de trabajo forzado en los pueblos (Transcripción).
Carta de la maestra de la escuela de niñas de Roncal, Valentina Anaut Inda
(Fuente: Archivo Municipal de Roncal).

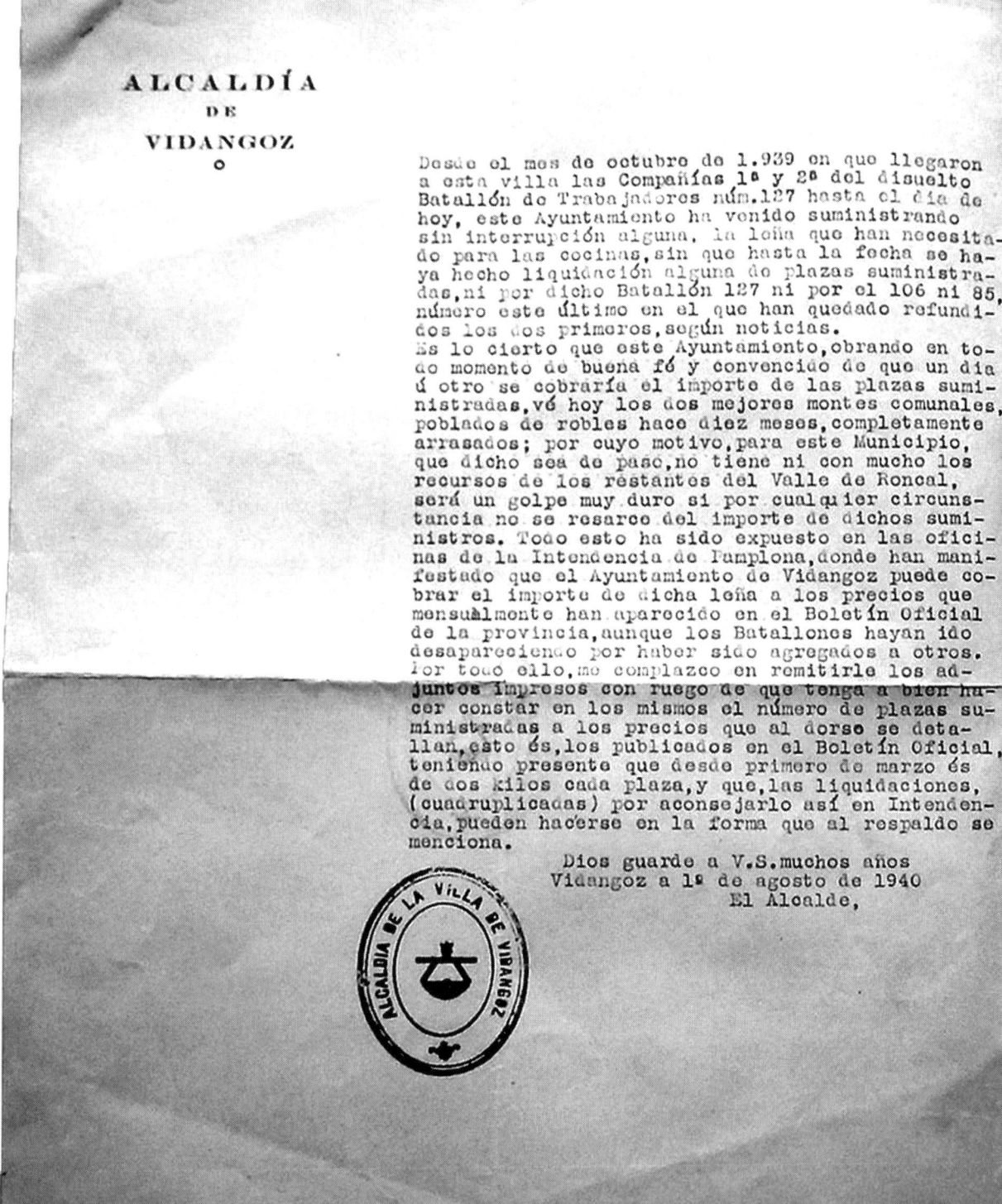

ALCALDÍA

DE

VIDANGOZ

o

Desde el mes de octubre de 1.939 en que llegaron a esta villa las Compañías 1ª y 2ª del disuelto Batallón de Trabajadores núm.127 hasta el día de hoy, este Ayuntamiento ha venido suministrando sin interrupción alguna, la leña que han necesitado para las cocinas, sin que hasta la fecha se haya hecho liquidación alguna de plazas suministradas, ni por dicho Batallón 127 ni por el 106 ni 85, número este último en el que han quedado refundidos los dos primeros, según noticias.

Es lo cierto que este Ayuntamiento, obrando en todo momento de buena fé y convencido de que un día ú otro se cobraría el importe de las plazas suministradas, vé hoy los dos mejores montes comunales, poblados de robles hace diez meses, completamente arrasados; por cuyo motivo, para este Municipio, que dicho sea de paso, no tiene ni con mucho los recursos de los restantes del Valle de Roncal, será un golpe muy duro si por cualquier circunstancia no se resarce del importe de dichos suministros. Todo esto ha sido expuesto en las oficinas de la Intendencia de Pamplona, donde han manifestado que el Ayuntamiento de Vidángoz puede cobrar el importe de dicha leña a los precios que mensualmente han aparecido en el Boletín Oficial de la provincia, aunque los Batallones hayan ido desapareciendo por haber sido agregados a otros. Por todo ello, me complazco en remitirle los adjuntos Impresos con ruego de que tenga a bien hacer constar en los mismos el número de plazas suministradas a los precios que al dorso se detallan, esto és, los publicados en el Boletín Oficial, teniendo presente que desde primero de marzo és de dos kilos cada plaza, y que, las liquidaciones, (cuadruplicadas) por aconsejarlo así en Intendencia, pueden hacerse en la forma que al respaldo se menciona.

Dios guarde a V.S. muchos años
Vidángoz a 1º de agosto de 1940
El Alcalde,

Sr.Capitán Jefe del Batallón de Trabajadores núm.85.   G U E S A

Documento sobre el impacto de los batallones de trabajo forzado en los pueblos.
Queja del Ayuntamiento de Vidángoz (Fuente: Archivo Municipal de Vidángoz).

«Desde el mes de octubre de 1939 en que llegaron a esta villa las Compañías 1ª y 2ª del disuelto Batallón de Trabajadores núm. 127 hasta el día de hoy, este Ayuntamiento ha venido suministrando sin interrupción alguna, la leña que han necesitado para las cocinas, sin que hasta la fecha se haya hecho liquidación alguna de plazas suministradas, ni por dicho Batallón 127 ni por el 106 ni 85, número este último en el que han quedado refundidos los dos primeros, según noticias. Es lo cierto que este ayuntamiento, obrando en todo momento de buena fé y convencido de que un día ú otro se cobraría el importe de las plazas suministradas, vé hoy los dos mejores montes comunales, poblados de robles hace diez meses, completamente arrasados; por cuyo motivo, para este Municipio, que dicho sea de paso, no tiene ni con mucho los recursos de los restantes del valle de Roncal, será un golpe muy duro si por cualquier circunstancia no se resarce del importe de dichos suministros. Todo esto ha sido expuesto en las oficinas de la Intendencia de Pamplona, donde han manifestado que el Ayuntamiento de Vidangoz puede cobrar el importe de dicha leña a los precios que mensualmente han aparecido en el Boletín Oficial de la provincia, aunque los Batallones hayan ido desapareciendo por haber sido agregados a otros. Por todo ello, me complazco en remitirle los adjuntos impresos con ruego de que tenga a bien hacer constar en los mismos el número de plazas suministradas a los precios que al dorso se detallan, esto es, los publicados en el Boletín Oficial, teniendo presente que desde primero de marzo és de dos kilos cada plaza, y que, las liquidaciones, (cuadruplicadas) por aconsejarlo así en Intendencia, pueden hacerse en la forma que al respaldo se menciona.

Dios guarde a V.S. muchos años.

Vidangoz a 1.º de agosto de 1940.

El Alcalde».

Documento sobre el impacto de los batallones de trabajo forzado en los pueblos (Transcripción).
Queja del Ayuntamiento de Vidángoz (Fuente: Archivo Municipal de Vidángoz).

La vecina de esta villa que ha
suministrado las raciones de Pan a las fuer
zas del Batallon de Trabajadores Nº.129,
que estuvo destacado en Roncesvalles,me in-
teresa gestione el cobro de 3214 raciones
de Pan que el referido Batallon le adeuda
por lo suplido durante el mes de Enero ul-
timo;por tanto yo le ruego se interese con
interes en el asunto a fin de que sea sal-
dada esta cuenta,por lo que espero dara las
ordenes oportunas al efecto.

Dios guarde a U.S.muchos años.

Burguete a 26 de Julio de 1940.

El Alcalde,

Iltmo. Sr. Teniente Coronel del Bon.de Trabajadores
Nº.129.
Palma de Mallorca.

Documento sobre el impacto de los batallones de trabajo forzado en los pueblos.
Queja de la panadera de Burguete. (Fuente: Archivo Municipal de Roncal).

Documento sobre el impacto de los batallones de trabajo forzado en los pueblos.
Roncal (Navarra). 1918. Escuela de Roncal. ES/NA/AGN/F156/FOT_ALTADILL_C_144.

Testimonios sobre las familias de los prisioneros

Testimonios sobre el impacto del trabajo forzado en las familias de los prisioneros. Testimonios de prisioneros en los que reconocen que fueron sus madres las que tuvieron que mantener a la familia. Visitas a los prisioneros: testimonio de la pareja de un prisionero; ayuda de las madres al prisionero; testimonio de la mujer de un prisionero que fue a visitarlo con su hija. Testimonio de la hermana de un prisionero. Ayudas de las familias a los prisioneros: testimonio de un prisionero andaluz en Igal. Testimonio de la pareja de un prisionero: se quedó con la hija. Fuente: Archivo Oral de la asociación Memoriaren Bideak.

«Ná más que pensando en ellos, si mandaban la baja, si no la mandaban (...). El pánico bien metío».
Concha Arjona, hermana de Rafael Arjona, prisionero del batallón BDST 6 en Igal y Bera.

«Yo me propuse ir a verlos. Mi viaje fue un dolor. Entre los familiares, a mí me hubiera gustado no ir sola, pero por represalias, todos decían que no. Alguna madre venía y me decía, «¿ya me llevarás el paquete? Y las madres hacían un paquetito con una tortilla, con lo que tenían; esos paquetes los forraban bien, y te los daban para fulano de tal (...)».
Marce Melgar (Bizkaia), compañera de José Múgica, prisionero en el batallón BDST 38 en Vidángoz.

«Pero digo, yo me voy, tuve valor y la gente se portó bien conmigo. "Dónde vas con esa niña?" Digo yo, "a ver a su padre, que lo tienen preso en Vidángoz"».
Basilia Miguel.

«La familia, imagínate: mi padre rojo, bueno, rojos todos, en paro; mi hermano mayor, Jesús, en la cárcel (...), yo en el batallón de trabajadores... mi madre era una mujer muy habilidosa, sostuvo a toda la familia, cosiendo camisas, haciendo jerséis...».
Joaquín Laín (Valencia), prisionero en el batallón BDST 14 en Lesaka.

«Yo estaba preocupado por mi madre, que es la que trabajaba para todos».
Vicente Celis, de La Línea de la Concepción (Cádiz), prisionero en el batallón BDST 6, en Igal y Bera.

«Mi padre estaba preso, estaba mi madre con cinco hermanos en casa; estaba mi madre con cuatro o cinco *vacuques* que tenía, y eso fue la que la salvó para poder vivir, vendiendo leche y vendiendo la vaca».
José García Faya, de Mieres (Asturias), prisionero en el batallón BBTT 106 en Roncal.

«A mí me mandaron una vez un paquete, pero como los paquetes que mandaban de casa tardaban quince días o un mes en entregarlos, pues estaba casi todo echao a perder».
Manuel Soriano de Galera (Granada), prisionero en el batallón BDST en Igal y Bera.

«Cuando Pepe llegó de los batallones, yo pensé que no lo conocería, porque fueron ¡tres años! Yo pensé que estaría muy cambiado, no sabía cómo vendría ni en qué condiciones, por las cosas que pasó. Yo iba con mi hija, y resulta que el que no me conoció fue él, porque yo estaba delgadísima; de tanto padecer yo no era la misma Elena de cuando se fué».
Elena Díaz, compañera de José Barajas, prisionero en el batallón BDST 6, en Igal y Bera.

Batallones de trabajo forzado en carreteras y fortificaciones de frontera en Navarra

Localidades	Batallones	Año	N° Pris.
Fortificaciones en Auritz/Burguete y Orreaga/Roncesvalles	BBTT 129 y 153	1939	1.098
Fortificaciones en Baztan (Erratzu, Arizkun, Amaiur y Oronoz Mugaire)	BBTT 1, 64, 114 eta 128 y BD 7	1939-1940	3.463
Fortificaciones en Etxalar	BBTT 105	1939-1940	564
Fortificaciones en Bera	BBTT 14, 107; BDST 6 y 13	1939-1941	2.357
TOTAL FORTIFICACIONES			7.482

Localidades	Batallones	Año	N° Pris.
Carretera Egozkue-Iragi	BBTT 3, 159, BDT 81 y BDST 14	1939-1940	1.985
Carretera Roncal/Erronkari–Igari/Igari	BBTT 106, 127, BDST 6 y 38	1940-1941	2.354
Carretera Irurita–Artesiaga	BBTT 18, 159 y BDST 12	1939-1941	1.756
Carretera Oiartzun–Lesaka (tramo navarro, hasta Aritxulegi)	BBTT 100 y 169, BDT 81, BDST 14	1939-1945	2.702
TOTAL CARRETERAS			8.797

Fuente: Mendiola (2012) y García Funes (2021).

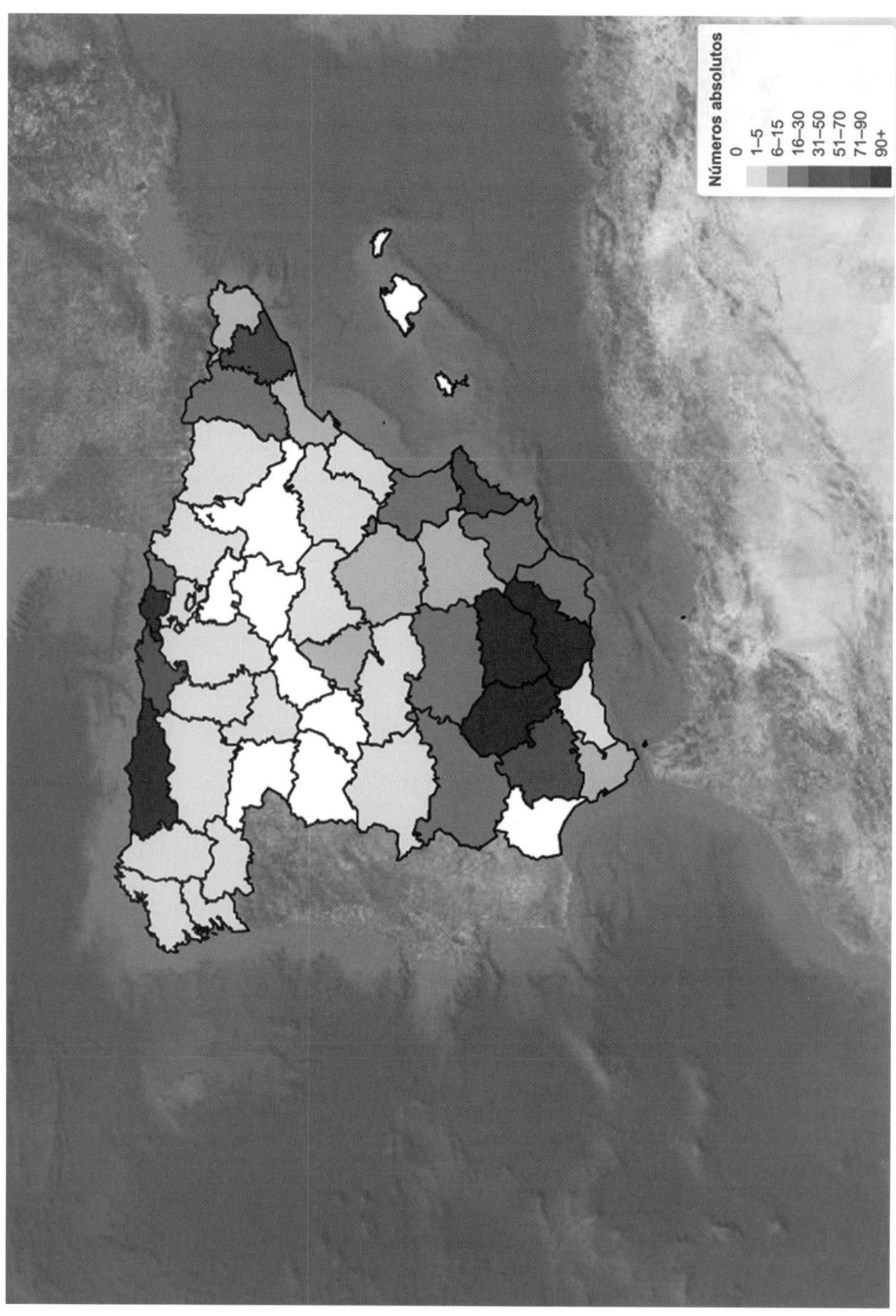

Batallones de trabajo forzado en carreteras y fortificaciones de frontera en Navarra. Mapa de procedencia de los prisioneros de la carretera Igal-Vidángoz- Roncal. https://memoria-oroimena.unavarra.es/españaCentros

Anexo 2.
Mapa trabajos forzados en Navarra (1937-1942)

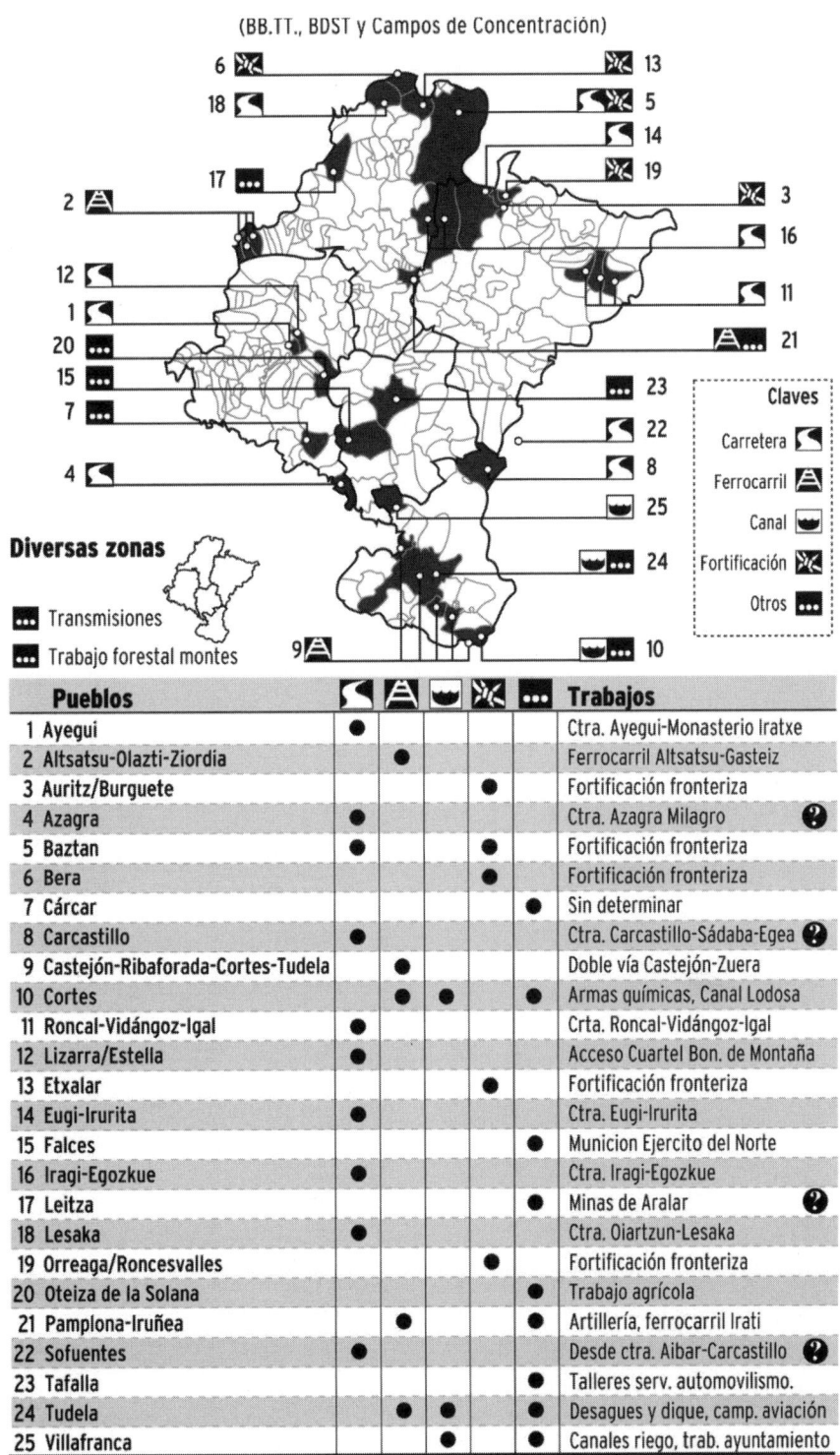

(BB.TT., BDST y Campos de Concentración)

Claves

Carretera
Ferrocarril
Canal
Fortificación
Otros

Diversas zonas

Transmisiones
Trabajo forestal montes

Pueblos	Carretera	Ferrocarril	Canal	Fortificación	Otros	Trabajos
1 Ayegui	●					Ctra. Ayegui-Monasterio Iratxe
2 Altsatsu-Olazti-Ziordia		●				Ferrocarril Altsatsu-Gasteiz
3 Auritz/Burguete				●		Fortificación fronteriza
4 Azagra	●					Ctra. Azagra Milagro ❷
5 Baztan	●			●		Fortificación fronteriza
6 Bera				●		Fortificación fronteriza
7 Cárcar					●	Sin determinar
8 Carcastillo	●					Ctra. Carcastillo-Sádaba-Egea ❷
9 Castejón-Ribaforada-Cortes-Tudela		●				Doble vía Castejón-Zuera
10 Cortes		●	●		●	Armas químicas, Canal Lodosa
11 Roncal-Vidángoz-Igal	●					Crta. Roncal-Vidángoz-Igal
12 Lizarra/Estella	●					Acceso Cuartel Bon. de Montaña
13 Etxalar				●		Fortificación fronteriza
14 Eugi-Irurita	●					Ctra. Eugi-Irurita
15 Falces					●	Municion Ejercito del Norte
16 Iragi-Egozkue	●					Ctra. Iragi-Egozkue
17 Leitza					●	Minas de Aralar ❷
18 Lesaka	●					Ctra. Oiartzun-Lesaka
19 Orreaga/Roncesvalles				●		Fortificación fronteriza
20 Oteiza de la Solana					●	Trabajo agrícola
21 Pamplona-Iruñea		●			●	Artillería, ferrocarril Irati
22 Sofuentes	●					Desde ctra. Aibar-Carcastillo ❷
23 Tafalla					●	Talleres serv. automovilismo.
24 Tudela		●	●		●	Desagues y dique, camp. aviación
25 Villafranca			●		●	Canales riego, trab. ayuntamiento

❷ Trabajo solicitado, realización sin confirmar. Fuente: Apéndice II.4. Infografía: Visualiza.info/Ederbide

Fuente: Mendiola eta Beaumont (2006).